REFLEXÕES SOBRE ALFABETIZAÇÃO

Questões da Nossa Época
Volume 6

Dados Internacionais de Catalogação na Publicação (CIP)
(Câmara Brasileira do Livro, SP, Brasil)

Ferreiro, Emilia
   Reflexões sobre alfabetização / Emilia Ferreiro. -- 26. ed.
— São Paulo : Cortez, 2011. — (Coleção questões da nossa época ; v. 6)

   Vários tradutores
   Bibliografia
   ISBN 978-85-249-1587-1

   1. Alfabetização 2. Alfabetização - Métodos 3. Leitura I. Título. II. Série.

10-02896   CDD-372.414

Índices para catálogo sistemático:

1. Alfabetização : Métodos e técnicas : Ensino fundamental 372.414
2. Alfabetização : Processos : Ensino fundamental 372.414
3. Aprendizagem de leitura : Método e técnicas : Ensino fundamental 372.414
4. Metodologia : Alfabetização : Ensino fundamental 372.414

Emilia Ferreiro

REFLEXÕES SOBRE ALFABETIZAÇÃO

26ª edição
7ª reimpressão

REFLEXÕES SOBRE ALFABETIZAÇÃO
Emilia Ferreiro

Tradução: Horácio Gonzales, Maria Amélia de Azevedo Goldberg, Maria Antônia Cruz Costa Magalhães, Mansa do Nascimento Paro e Sara Cunha Lima

Capa: aeroestúdio
Preparação dos originais: Nair Kayo
Revisão: Maria de Lourdes de Almeida
Composição: Linea Editora Ltda.
Coordenação editorial: Danilo A. Q. Morales

Nenhuma parte desta obra pode ser reproduzida ou duplicada sem autorização expressa do autor e do editor.

© 1981 by Autora

Direitos para esta edição
CORTEZ EDITORA
Rua Monte Alegre, 1074 — Perdizes
05014-001 — São Paulo-SP
Tel.: (11) 3864-0111 Fax: (11) 3864-4290
E-mail: cortez@cortezeditora.com.br
www.cortezeditora.com.br

Impresso no Brasil — dezembro de 2021

Sumário

Prefácio 7

Apresentação 11

A representação da linguagem e o processo de alfabetização 13
1. A escrita como sistema de representação 14
2. As concepções das crianças a respeito do sistema de escrita 19
3. As concepções sobre a língua subjacentes à prática docente 31

Conclusões 41

A compreensão do sistema de escrita: construções originais da criança e informação específica dos adultos 43
1. Construções originais das crianças 46
2. Informações específicas 55
3. Algumas implicações pedagógicas 59

Processos de aquisição da língua escrita no
contexto escolar 63

O espaço da leitura e da escrita na educação
pré-escolar 93

Bibliografia 101

Prefácio

Este é um livro sobre alfabetização que, contrariando hábitos e expectativas, não traz para o leitor nem um novo método, nem novos testes, nem nada que se pareça com uma solução pronta.

O que a autora nos oferece são ideias a partir das quais torna-se possível o que já era necessário: repensar a prática escolar da alfabetização. São reflexões — às vezes apaixonadas — sobre os resultados de suas pesquisas científicas.

Emilia Ferreiro é doutora pela Universidade de Genebra, onde teve o privilégio de ser orientanda e colaboradora de Jean Piaget. Suas pesquisas sobre a alfabetização foram realizadas principalmente na Argentina, onde nasceu, e no México, país que a recebeu e onde é, atualmente, professora titular do Centro de Investigação e Estudos Avançados do Instituto Politécnico Nacional.

Tradicionalmente a investigação sobre as questões da alfabetização tem girado em torno de uma pergunta: "como se deve ensinar a ler e escrever?" A crença implícita era a de que o processo de alfabetização começava e acabava entre as quatro paredes da sala de aula e que a aplicação correta do método adequado garantia ao professor o controle do processo de alfabetização dos alunos.

À medida que um contingente maior de crianças passou a ter acesso à educação, os números do fracasso foram se tornando mais alarmantes. Diante da derrota impôs-se a necessidade de mudanças radicais. Uma unanimidade nacional que — na ausência de instrumentos para repensar a prática falida — converteu-se em caça aos culpados. Ninguém escapou do banco dos réus: os alunos, por serem subnutridos, carentes, deficientes. A escola, por ser uma inexorável máquina de reprodução das relações de poder. O professor, por ser mal pago, malformado, incompetente.

Neste momento o círculo parece ter se fechado e tudo indica que as contradições alcançaram um nível realmente desestabilizador. Como diz Emilia Ferreiro: "Em alguns momentos da história faz falta uma revolução conceitual. Acreditamos ter chegado o momento de fazê-la a respeito da alfabetização."

Não foi certamente obra do acaso que um avanço tão significativo na compreensão do processo de alfabetização como a contribuição de Emilia Ferreiro tenha acontecido na América Latina, onde o fracasso escolar já ultrapassou os limites de um problema educacional; onde os índices chegaram a níveis política e socialmente inaceitáveis.

As pesquisas de Emilia Ferreiro e colaboradores romperam o imobilismo lamuriento e acusatório e deflagraram um esforço coletivo de busca de novos caminhos. Deslocando a investigação do "como se ensina" para o "como se aprende", Emilia Ferreiro descobriu e descreveu a psicogênese da língua escrita e abriu espaço — agora sim — para um novo tipo de pesquisa em pedagogia. Uma pedagogia onde a compreensão do papel de cada um dos envolvidos no processo educativo muda radicalmente. Suas ideias, quando levadas à prática, produzem mudanças tão profundas na própria natureza das relações do poder pedagógico que, sonho ou não, é inevitável acalentar a ideia de que esta revolução conceitual sobre a alfabetização acabe levando a mudanças profundas na própria estrutura escolar.

Mas não vamos colocar o carro adiante dos bois. O importante neste momento é que, através deste livro, cheguem às mãos dos educadores as ferramentas que Emilia Ferreiro nos oferece. Com as quais, quem sabe, vamos conseguir descobrir os caminhos para romper o círculo vicioso da reprodução do analfabetismo.

Telma Weisz

Apresentação

Neste volume estão reunidos quatro trabalhos produzidos em momentos diferentes, porém dentro da mesma linha de preocupação: contribuir para uma reflexão sobre a intervenção educativa alfabetizadora a partir dos novos dados oriundos das investigações sobre a psicogênese da escrita na criança. Estas investigações (que há dez anos vimos realizando ininterruptamente) evidenciam que o processo de alfabetização nada tem de mecânico, do ponto de vista da criança que aprende.

Essa criança se coloca problemas, constrói sistemas interpretativos, pensa, raciocina e inventa, buscando compreender esse objeto social particularmente complexo que é a escrita, tal como ela existe em sociedade.

Os dados a que nos referimos nestes quatro trabalhos provêm de investigações realizadas em castelhano (com crianças da Argentina e do México). Os dados colhidos recentemente no Brasil por Telma Weisz (São Paulo), Esther Pilar Grossi (Porto Alegre), Terezinha Nunes Carraher e Lúcia Browne Rego (Recife), mostram que os processos de conceitualização da escrita seguem uma linha evolutiva similar em português.

Esperamos, no entanto, que novas pesquisas brasileiras contribuam para precisar melhor os aspectos específicos de português, aspectos esses relevantes para compreender o que ocorre quando se inicia o período de fonetização da escrita.

Julho, 1985.

* * *

Este livro, até sua 22ª edição, continha quatro trabalhos. Um deles intitulava-se "Deve-se ou não se deve ensinar a ler e escrever na pré-escola? Um problema mal colocado".

Esse texto, escrito em 1982, exigia ser revisado, em função dos múltiplos comentários que recebi de educadoras durante esses anos. Em março de 1994, a pedido da Unidad de Publicaciones da Secretaría de Educación Pública do México, procedi a esta nova versão, que agora passa a denominar-se "O espaço da leitura e da escrita na educação pré-escolar".

Emilia Ferreiro
México, março de 1994.

A representação da linguagem e o processo de alfabetização*

É recente a tomada de consciência sobre a importância da alfabetização inicial como a única solução real para o problema da alfabetização remediativa (de adolescentes e adultos). Tradicionalmente, a alfabetização inicial é considerada em função da relação entre o método utilizado e o estado de "maturidade" ou de "prontidão" da criança. Os dois polos do processo de aprendizagem (quem ensina e quem aprende) têm sido caracterizados sem que se leve em conta o terceiro elemento da relação: a natureza do objeto de conhecimento envolvendo esta aprendizagem. Tentaremos demonstrar de que maneira este objeto de conhecimento intervém no processo, não como uma entidade única, mas como uma tríade: temos, por um lado, o sistema de representação alfabética da linguagem, com suas características

---

* Texto publicado no *Caderno de Pesquisa*, n. 52, p. 7-17, fev. 1985. Tradução de Horácio Gonzales.

específicas;[1] por outro lado, as concepções que tanto os que aprendem (as crianças) como os que ensinam (os professores) têm sobre este objeto.

1. A escrita como sistema de representação

A escrita pode ser concebida de duas formas muito diferentes e conforme o modo de considerá-la as consequências pedagógicas mudam drasticamente. A escrita pode ser considerada como uma *representação* da linguagem ou como um código de transcrição gráfica das unidades sonoras. Tratemos de precisar em que consistem as diferenças.

A construção de qualquer sistema de representação envolve um processo de diferenciação dos elementos e relações reconhecidas no objeto a ser apresentado e uma seleção daqueles elementos e relações que serão retidos na representação. Uma representação X não é igual à realidade R que representa (se assim for, não seria uma representação mas uma outra instância de R). Portanto, se um sistema X é uma representação adequada de certa realidade R, reúne duas condições aparentemente contraditórias:

a) X possui algumas das propriedades e relações próprias a R;

b) X exclui algumas das propriedades e relações próprias a R.

---

[1]. Trataremos aqui exclusivamente do sistema alfabético de escrita.

O vínculo entre X e R pode ser de tipo analógico ou totalmente arbitrário. Por exemplo, se os elementos de R são formas, distâncias e cores, X pode conservar essas propriedades e representar formas por formas, distâncias por distâncias e cores por cores. É o que acontece no caso dos mapas modernos: a costa não é uma linha, mas a linha do mapa conserva as relações de proximidade entre dois pontos quaisquer, situados nessa costa; as diferenças de altura do relevo não se exprimem necessariamente por diferenças de coloração em R, mas podem se exprimir por diferenças de cores em X etc. Embora um mapa seja basicamente um sistema de representação analógico, contém também elementos arbitrários; as fronteiras políticas podem ser indicadas por uma série de pontos, por uma linha contínua ou por qualquer outro recurso; as cidades não são formas circulares nem quadradas e, no entanto, são estas duas formas geométricas as que habitualmente representam — na escala do mapa de um país — as cidades[2] etc.

A construção de um sistema de representação X adequado a R é um problema completamente diferente da construção de sistemas alternativos de representação (X1, X2, X3 ...) construídos a partir de um X original: Reservamos a expressão *codificar* para a construção desses sistemas alternativos. A transcrição das letras do alfabeto em código telegráfico, a transcrição dos dígitos em código binário computacional, a produção de códigos secretos para uso

---

[2]. As diferenças em números de habitantes das populações, ou na importância política das mesmas, pode se exprimir por diferenças de forma tais como quadrados *versus* círculos, ou senão por variações de tamanho dentro da mesma forma. Neste caso se restabelece o analógico no interior do arbitrário.

militar etc., são todos exemplos de construção de códigos de transcrição alternativa baseados em uma representação já constituída (o sistema alfabético para a linguagem ou o sistema ideográfico para os números).

A diferença essencial é a seguinte: *no caso da codificação, tanto os elementos como as relações já estão predeterminados*; o novo código não faz senão encontrar uma representação diferente para os mesmos elementos e as mesmas relações. *No caso da criação de uma representação, nem os elementos nem as relações estão predeterminados*. Por exemplo, na transcrição da escrita em código Morse todas as configurações gráficas que caracterizam as letras se convertem em sequências de pontos e traços, mas a cada letra do primeiro sistema corresponde uma configuração diferente de pontos e traços, em correspondência biunívoca. Não aparecem "letras novas" nem se omitem distinções anteriores. Ao contrário, a construção de uma primeira forma de representação adequada costuma ser um longo processo histórico, até se obter uma forma final de uso coletivo.

A invenção da escrita foi um processo histórico de construção de um sistema de representação, não um processo de codificação. Uma vez construído, poder-se-ia pensar que o sistema de representação é aprendido pelos novos usuários como um sistema de codificação. Entretanto, não é assim. No caso dos dois sistemas envolvidos no início da escolarização (o sistema de representação dos números e o sistema de representação da linguagem), as dificuldades que as crianças enfrentam são dificuldades conceituais semelhantes às da construção do sistema e por isso pode-se dizer, em ambos os casos, que a criança reinventa esses sistemas. Bem entendido: não se trata de que as crianças reinventem as letras nem os números, mas que, para poderem se servir desses elementos como elementos de um sistema, devem compreender seu processo de construção e suas regras de produção, o que coloca o problema epistemológico fundamental: qual é a natureza da relação entre o real e a sua representação?

No caso particular da linguagem escrita, a natureza complexa do signo linguístico torna difícil a escolha dos parâmetros privilegiados na representação. A partir dos trabalhos definidores de Ferdinand de Saussure estamos habituados a conceber o signo linguístico como a união indissolúvel de um significante com um significado, mas não avaliamos suficientemente o que isto pressupõe para a construção da escrita como sistema de representação. É o caráter bifásico do signo linguístico, a natureza complexa que ele tem e a relação de referência o que está em jogo. Mas, o que a escrita realmente representa? Por acaso representa diferenças nos significados? Ou diferenças nos significados com relação à propriedade dos referentes? representa por acaso diferenças entre significantes? Ou diferenças entre os significantes com relação aos significados?

As escritas de tipo alfabético (tanto quanto as escritas silábicas) poderiam ser caracterizadas como sistemas de representação cujo intuito original — e primordial — é representar as diferenças entre os significantes. Ao contrário, as escritas de tipo ideográfico poderiam ser caracterizadas como sistemas de representação cuja intenção primeira — ou primordial — é representar diferenças nos significados. No entanto, também se pode afirmar que nenhum sistema de escrita conseguiu representar de maneira equilibrada a natureza bifásica do signo linguístico. Apesar de que alguns deles (como o sistema alfabético) privilegiam a representação de diferenças entre os significantes, e outros (como os ideográficos) privilegiam a representação de diferenças nos significados, nenhum deles é "puro": os sistemas alfabéticos incluem — através da utilização de recursos ortográficos — componentes ideográficos (Blanche-Benveniste e Chervel, 1974), tanto quanto os sistemas ideográficos (ou logográficos) incluem componentes fonéticos (Cohen, 1958; Gelb, 1976).

A distinção que estabelecemos entre sistema de codificação e sistema de representação não é apenas terminológica. Suas consequências para a ação alfabetizadora marcam uma nítida linha divisória. Ao concebermos a escrita como um código de transcrição que converte as unidades sonoras em unidades gráficas, coloca-se em primeiro plano a discriminação perceptiva nas modalidades envolvidas (visual e auditiva). Os programas de preparação para a leitura e a escrita que derivam desta concepção centram-se, assim, na exercitação da discriminação, sem se questionarem jamais sobre a natureza das unidades utilizadas. A linguagem, como tal, é colocada de certa forma "entre parênteses", ou melhor, reduzida a uma série de sons (contrastes sonoros a nível do significante). O problema é que, ao dissociar o significante sonoro do significado, destruímos o signo linguístico. O pressuposto que existe por trás destas práticas é quase que transparente: se não há dificuldades para discriminar entre duas formas visuais próximas, nem entre duas formas auditivas próximas, nem também para desenhá-las, não deveria existir dificuldade para aprender a ler, já que se trata de uma simples transcrição do sonoro para um código visual.

Mas se se concebe a aprendizagem da língua escrita como a compreensão do modo de construção de um sistema de representação, o problema se coloca em termos completamente diferentes. Embora se saiba falar adequadamente, e se façam todas as discriminações perceptivas aparentemente necessárias, isso não resolve o problema central: compreender a natureza desse sistema de representação. Isto significa, por exemplo, compreender por que alguns elementos essenciais da língua oral (a entonação, entre outros) não são retidos na representação; por que todas as palavras são tratadas como equivalentes na representação, apesar de pertencerem a "classes" diferentes; por que se ignoram as semelhanças no significado e se privilegiam as semelhanças sonoras; por que se introduzem diferenças na representação por conta das semelhanças conceituais etc.

A consequência última desta dicotomia se exprime em termos ainda mais dramáticos: se a escrita é concebida como um código de transcrição, sua aprendizagem é concebida como a aquisição de uma técnica; se a escrita é concebida como um sistema de representação, sua aprendizagem se converte na apropriação de um novo objeto de conhecimento, ou seja, em uma aprendizagem conceitual.

2. As concepções das crianças a respeito do sistema de escrita

Os indicadores mais claros das explorações que as crianças realizam para compreender a natureza da escrita são suas produções espontâneas, entendendo como tal as que não são o resultado de uma cópia (imediata ou posterior).[3] Quando uma criança escreve tal como acredita que poderia ou deveria escrever certo conjunto de palavras,[4] está nos oferecendo um valiosíssimo documento que necessita ser interpretado para poder ser avaliado. Essas escritas infantis têm sido consideradas, displicentemente, como garatujas, "puro jogo", o resultado de fazer "como se" soubesse escrever. Aprender a lê-las — isto é, a interpretá-las — é um longo aprendizado que requer uma atitude teórica definida. Se pensarmos que a criança aprende só quando é submetida a um ensino sistemático, e que a sua ignorância está garantida até que receba tal tipo de ensino, nada poderemos enxergar. Mas se pensarmos que as crianças são seres que ignoram que devem pedir permissão para começar a aprender, talvez comecemos a aceitar que podem saber, embora não tenha sido dada a elas a autorização institucional para tanto. Saber algo a respeito de certo objeto não quer dizer, necessariamente, saber algo socialmente aceito como "conhecimento". "Saber" quer dizer ter construído alguma concepção que explica certo conjunto de fenômenos ou de objetos da realidade. Que esse "saber" coincida com o "saber" socialmente válido é um outro problema (embora seja esse, precisamente, o problema do "saber" escolarmente reconhecido). Uma criança pode co-

---

3. Mencionaremos aqui apenas os processos de produção de texto (escrita). Em razão da limitação do espaço, não iremos nos ocupar dos processos de interpretação de textos (leitura), embora ambos se encontrem perfeitamente relacionados (o que não significa paralelismo completo).

4. É importante sublinhar "conjunto de palavras". Uma escrita isolada é geralmente impossível de se interpretar. É preciso ter um conjunto de expressões escritas para poder avaliar os contrastes a se levar em conta na construção da representação.

nhecer o nome (ou o valor sonoro convencional) das letras, e não compreender exaustivamente o sistema de escrita. Inversamente, outras crianças realizam avanços substanciais no que diz respeito à compreensão do sistema, sem ter recebido informação sobre a denominação de letras particulares. Aqui mencionaremos brevemente alguns aspectos fundamentais desta evolução psicogenética, que tem sido apresentada e discutida com maior detalhe em outras publicações.[5]

As primeiras escritas infantis aparecem, do ponto de vista gráfico, como linhas onduladas ou quebradas (zigue-zague), contínuas ou fragmentadas, ou então como uma série de elementos discretos repetidos (séries de linhas verticais, ou de bolinhas). A aparência gráfica não é garantia de escrita, a menos que se conheçam as condições de produção.

O modo tradicional de se considerar a escrita infantil consiste em se prestar atenção apenas nos aspectos gráficos dessas produções, ignorando os aspectos construtivos. Os *aspectos gráficos* têm a ver com a qualidade do traço, a distribuição espacial das formas, a orientação predominante (da esquerda para a direita, de cima para baixo), a orientação dos caracteres individuais (inversões, rotações etc.). Os *aspectos construtivos* têm a ver com o que se quis representar e os meios utilizados para criar diferenciações entre as representações.

Do ponto de vista construtivo, a escrita infantil segue uma linha de evolução surpreendentemente regular, através

---

5. Conforme: E. Ferreiro e A. Teberosky (1979 e 1981); E. Ferreiro (1982); E. Ferreiro et al. (1982); E. Ferreiro (1983); E. Ferreiro (no prelo).

de diversos meios culturais, de diversas situações educativas e de diversas línguas. Aí, podem ser distinguidos três grandes períodos no interior dos quais cabem múltiplas subdivisões:

- distinção entre o modo de representação icônico e o não icônico;
- a construção de formas de diferenciação (controle progressivo das variações sobre os eixos qualitativo e quantitativo);
- a fonetização da escrita (que se inicia com um período silábico e culmina no período alfabético).

No primeiro período se conseguem as duas distinções básicas que sustentarão as construções subsequentes: a diferenciação entre as marcas gráficas figurativas e as não figurativas, por um lado, e a constituição da escrita como objeto substituto, por outros.[6] A distinção entre "desenhar" e "escrever" é de fundamental importância (quaisquer que sejam os vocábulos com que se designam especificamente essas ações). Ao desenhar se está no domínio do icônico; as formas dos grafismos importam porque reproduzem a forma dos objetos. Ao escrever se está fora do icônico: as formas dos grafismos não reproduzem a forma dos objetos, nem sua ordenação espacial reproduz o contorno dos mesmos. Por isso, tanto a arbitrariedade das formas utilizadas como a ordenação linear das mesmas são as primeiras características manifestas da escrita pré-escolar. Arbitrariedade não significa necessariamente convencionalidade. No

---

6. Para compreender a passagem das letras como objetos em si às letras como objetos substitutos, ver Ferreiro (1982).

entanto, também as formas convencionais costumam fazer a sua aparição com muita precocidade. As crianças não empregam seus esforços intelectuais para inventar letras novas: recebem a forma das letras da sociedade e as adotam tal e qual.

Por outro lado, as crianças dedicam um grande esforço intelectual na construção de formas de diferenciação entre as escritas e é isso que caracteriza o período seguinte. Esses critérios de diferenciação são, inicialmente, *intrafigurais* e consistem no estabelecimento das propriedades que um texto escrito deve possuir para poder ser interpretável (ou seja, para que seja possível atribuir-lhe uma significação). Esses critérios *intrafigurais* se expressam, sobre o eixo quantitativo, como a quantidade mínima de letras — geralmente três — que uma escrita deve ter pára que "diga algo" e, sobre o eixo qualitativo, como a variação interna necessária para que uma série de grafias possa ser interpretada (se o escrito tem "o tempo todo a mesma letra", não se pode ler, ou seja, não é interpretável).

O passo seguinte se caracteriza pela busca de diferenciações entre as escritas produzidas, precisamente para "dizer coisas diferentes". Começa então uma busca difícil e muito elaborada de modos de diferenciação, que resultam ser *interfigurais*; as condições de legibilidade intrafigurais se mantém, mas agora é necessário criar modos sistemáticos de diferenciação entre uma escrita e a seguinte, precisamente para garantir a diferença de interpretação que será atribuída. As crianças exploram então critérios que lhes permitem, às vezes, variações sobre o eixo quantitativo (variar a quantidade de letras de uma escrita para outra, para obter escritas diferentes), e, às vezes, sobre o eixo

ILUSTRAÇÃO 1A
Escrita sem diferenciações interfigurais (Adriana, 4, 5).

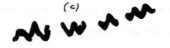

— O que você desenhou?
— Um boneco.
— Ponha o nome. (Rabisco.) (a)
— O que você pôs?
— Ale (= seu irmão).
— Desenhe uma casinha. (Desenhe.)
— O que é isso?
— Uma casinha.
— Ponha o nome. (Rabisco.) (b)
— O que você pôs?
— Casinha.
— Você sabe colocar o seu nome? (Quatro rabiscos separados.) (c)
— O que é isso?
— Adriana.
— Onde diz Adriana? (Assinala globalmente.)
— Por que tem quatro pedacinhos?
— ... porque sim.
— O que diz aqui? (1°).
— Adriana.
— E aqui? (2°).
— Alberto (= seu pai).
— E aqui? (3°).
— Ale (= seu irmão).
— E aqui? (4°).
— Tia Picha.

ILUSTRAÇÃO 1B
Escrita com letras convencionais mas sem diferenciações interfigurais (Domingo, 6 anos).

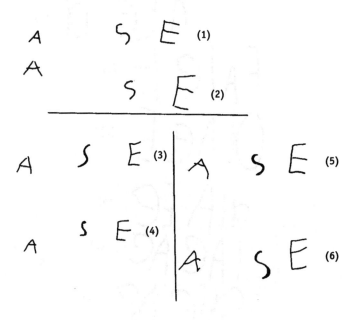

(1) peixe
(2) o gato bebe leite
(3) galinha
(4) franguinho
(5) pato
(6) patos

ILUSTRAÇÃO 2
Escrita com diferenciações interfigurais (Carmelo, 6;2).

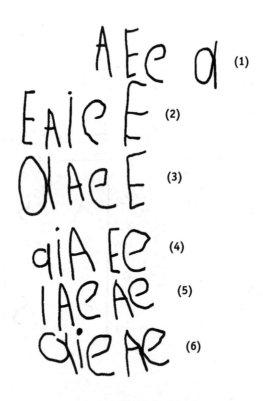

(1) Carmelo Enrique Castillo Avellano (uma letra para cada nome).
(2) vaca.
(3) mosca.
(4) borboleta.
(5) cavalo.
(6) mamãe come *tacos* (comida típica mexicana).

qualitativo (variar o repertório de letras que se utiliza de uma escrita para outra; variar a posição das mesmas letras sem modificar a quantidade). A coordenação dos dois modos de diferenciação (quantitativos e qualitativos) é tão difícil aqui como em qualquer outro domínio da atividade cognitiva.

Nestes dois primeiros períodos, o escrito não está regulado por diferenças ou semelhanças entre os significantes sonoros. É a atenção às propriedades sonoras do significante que marca o ingresso no terceiro grande período desta evolução. A criança começa por descobrir que as partes da escrita (suas letras) podem corresponder a outras tantas partes da palavra escrita (suas sílabas). Sobre o eixo quantitativo, isto se exprime na descoberta de que a quantidade de letras com que se vai escrever uma palavra pode ter correspondência com a quantidade de partes que se reconhece na emissão oral. Essas "partes" da palavra são inicialmente as suas sílabas. Inicia-se assim o período silábico, que evolui até chegar a uma exigência rigorosa: uma sílaba por letra, sem omitir sílabas e sem repetir letras. Esta hipótese silábica é da maior importância, por duas razões: permite obter um critério geral para regular as variações na quantidade de letras que devem ser escritas, e centra a atenção da criança nas variações sonoras entre as palavras. No entanto, a hipótese silábica cria suas próprias condições de contradição: contradição entre o controle silábico e a quantidade mínima de letras que uma escrita deve possuir para ser "interpretável" (por exemplo, o monossílabo deveria se escrever com uma única letra, mas se se coloca uma letra só, o escrito "não se pode ler", ou seja, não é interpretável); além disso, contradição entre a interpretação silábica e as escritas pro-

ILUSTRAÇÃO 3A

Escrita silábica (letras de forma utilizadas sem seu valor sonoro convencional): cada letra vale por uma sílaba (Jorge, 6 anos).

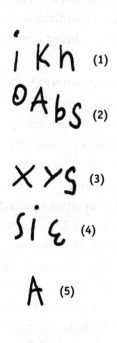

(1) ga - to   (gato)
(2) ma - ri - po - sa   (borboleta)
(3) ca - ba - llo   (cavalo)
(4) pez   (peixe)
(5) mar   (mar)
(6) el - ga - to - be - be - le – che   (o gato bebe leite)

(As palavras foram mantidas no original espanhol para que o processo aqui ilustrado faça sentido.)

duzidas pelos adultos (que *sempre* terão mais letras do que as que a hipótese silábica permite antecipar).

No mesmo período — embora não necessariamente ao mesmo tempo — as letras podem começar a adquirir valores sonoros (silábicos) relativamente estáveis, o que leva a se estabelecer correspondência com o eixo qualitativo: as partes sonoras semelhantes entre as palavras começam a se exprimir por letras semelhantes. E isto também gera suas formas particulares de conflito.

Os conflitos antes mencionados (aos que se acrescenta às vezes a ação educativa, conforme a idade que tenha a criança nesse momento) vão desestabilizando progressivamente a hipótese silábica, até que a criança tem coragem suficiente para se comprometer em um novo processo de construção.[7] O período silábico-alfabético marca a transição entre os esquemas prévios em via de serem abandonados e os esquemas futuros em vias de serem construídos. Quando a criança descobre que a sílaba não pode ser considerada como uma unidade, mas que ela é, por sua vez, reanalisável em elementos menores, ingressa no último passo da compreensão do sistema socialmente estabelecido. E, a partir daí, descobre novos problemas: pelo lado quantitativo, que se por um lado não basta uma letra por sílaba, também não se pode estabelecer nenhuma regularidade duplicando a quantidade de letras por sílaba (já que há sílabas que se escrevem com uma, duas, três ou mais letras); pelo lado qualitativo, enfrentará os problemas ortográficos (a identidade de som não garante identidade de letras, nem a identidade de letras a de sons).

---

7. Utilizamos aqui o modelo piagetiano da equilibração (Piaget, 1975).

ILUSTRAÇÃO 3B
**Escrita silábica (vogais com valor sonoro convencional):
cada letra vale por uma sílaba (Francisco, 6 anos).**

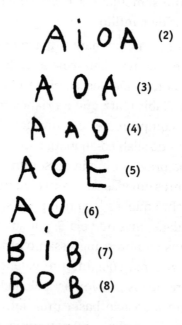

(1) Fran - cis - co   (Francisco)
(2) ma - ri - po - sa   (borboleta)
(3) pa - lo - ma   (pomba)
(4) pa - ja - ro   (pássaro)
(5) ga - to   (gato)
(6) pa - to   (pato)
(7) pez   (peixe)
(8) pez (2ª tentativa)   (peixe 2ª tentativa)

ILUSTRAÇÃO 4
Escrita silábico-alfabética (Júlio Cesar, 6 anos).

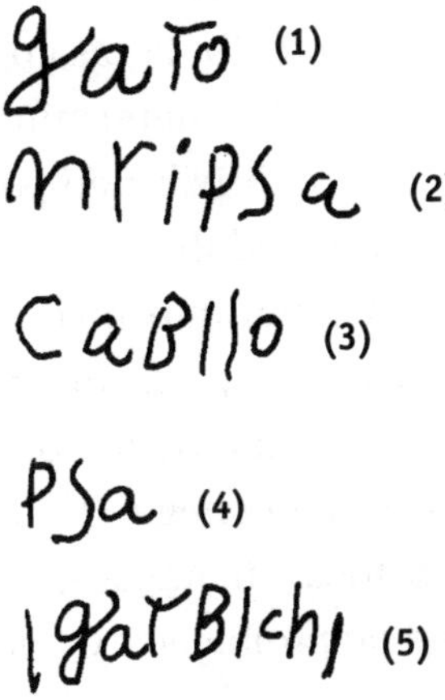

gaTo (1)

mrips a (2)

CaBllo (3)

PSa (4)

IgarBlchı (5)

(1) gato   (gato)
(2) mariposa   (borboleta)
(3) caballo   (cavalo)
(4) pez   (peixe)
(5) el gato bebe leche   (o gato bebe leite)

(As palavras foram mantidas no original espanhol para que o processo aqui ilustrado faça sentido.)

3. As concepções sobre a língua subjacentes à prática docente

Tradicionalmente, as discussões sobre a prática alfabetizadora têm se centrado na polêmica sobre os métodos utilizados: métodos analíticos *versus* métodos sintéticos; fonético *versus* global etc. Nenhuma dessas discussões levou em conta o que agora conhecemos: as concepções das crianças sobre o sistema de escrita. Daí a necessidade imperiosa de recolocar a discussão sobre novas bases. Se aceitarmos que a criança não é uma tábula rasa onde se inscrevem as letras e as palavras segundo determinado método; se aceitarmos que o "fácil" e o "difícil" não podem ser definidos a partir da perspectiva do adulto mas da de quem aprende; se aceitarmos que qualquer informação deve ser assimilada (e portanto transformada) para ser operante, então deveríamos também aceitar que os métodos (como sequência de passos ordenados para chegar a um fim) não oferecem mais do que sugestões, incitações, quando não práticas rituais ou conjunto de proibições. O método não pode criar conhecimento.

A nossa compreensão dos problemas tal como as crianças os colocam, e da sequência de soluções que elas consideram aceitáveis (e que dão origem a novos problemas), é, sem dúvida, essencial para poder ao menos imaginar um tipo de intervenção adequada à natureza do processo real de aprendizagem. Mas reduzir esta intervenção ao que tradicionalmente denominou-se "o método utilizado" é limitar demais nossa indagação.

É útil se perguntar através de que tipo de *práticas* a criança é introduzida na língua escrita, e como se apresenta este objeto no contexto escolar.[8] Há práticas que levam a criança à convicção de que o conhecimento é algo que os *outros* possuem e que só se pode obter da boca dos *outros*, sem nunca ser participante na construção do conhecimen-

---

8. Um estudo de uma destas práticas — o ditado — encontra-se em Ferreiro (1984).

to. Há práticas que levam a pensar que "o que existe para se conhecer" já foi estabelecido, como um conjunto de coisas fechado, sagrado, imutável e não modificável. Há práticas que levam a que o sujeito (a criança neste caso) fique de "fora" do conhecimento, como espectador passivo ou receptor mecânico, sem nunca encontrar respostas aos "porquês" e aos "para quês", que já nem sequer se atreve a formular em voz alta.

Nenhuma prática pedagógica é neutra. Todas estão apoiadas em certo modo de conceber o processo de aprendizagem e o objeto dessa aprendizagem. São provavelmente essas práticas (mais do que os métodos em si) que têm efeitos mais duráveis a longo prazo, no domínio da língua escrita como em todos os outros. Conforme se coloque a relação entre o sujeito e o objeto de conhecimento, e conforme se caracterize a ambos, certas práticas aparecerão como "normais" ou como "aberrantes". É aqui que a reflexão psicopedagógica necessita se apoiar em uma reflexão epistemológica.

Em diferentes experiências que tivemos com profissionais de ensino[9] apareceram três dificuldades principais que precisam ser inicialmente colocadas: em primeiro lugar, a visão que um adulto, já alfabetizado, tem do sistema de escrita; em segundo lugar, a confusão entre escrever e desenhar letras; finalmente, a redução do conhecimento

---

9. Várias ações de capacitação de professores da 1ª série do 1º grau e da pré-escola no México (Secretaria de Educação Pública). Experiências semelhantes foram realizadas por Ana Teberosky em Barcelona, por Délia Lerner em Caracas, por Liliana Tolchinsky em Telavive, pela autora deste artigo (com logopedistas) na Suíça, assim como também por várias pessoas que trabalham nestes temas em Buenos Aires e no México.

do leitor ao conhecimento das letras e seu valor sonoro convencional.

Mencionaremos brevemente as duas primeiras, e iremos nos deter mais na terceira.

Não há forma de recuperar por introspecção a visão do sistema de escrita que tivemos quando éramos analfabetos (porque todos fomos analfabetos em algum momento). Somente o conhemento da evolução psicogenética pode nos obrigar a abandonar uma visão adultocêntrica do processo.

Por outro lado, a confusão entre escrever e desenhar letras (Ferreiro e Teberosky, 1979, cap. VIII) é relativamente difícil de se esclarecer, porque se apoia em uma visão do processo de aprendizagem segundo a qual a cópia e a repetição dos modelos apresentados são os procedimentos principais para se obter bons resultados. A análise detalhada de algumas das muitas crianças que são "copistas" experientes mas que não compreendem o modo de construção do que copiam é o melhor recurso para problematizar a origem desta confusão entre escrever e desenhar letras.

Os adultos já alfabetizados têm tendência a reduzir o conhecimento do leitor ao conhecimento das letras e seu valor sonoro convencional. Para problematizar tal redução utilizamos, reiteradas vezes, uma situação que favorece uma tomada de consciência quase que imediata: formamos pequenos grupos (por volta de cinco pessoas em cada um) e entregamos materiais impressos em escritas desconhecidas para eles (árabe, hebraico, chinês etc.) com a orientação de tratar de lê-los. A primeira reação — obviamente — é de rejeição: como ler se não conhecem essas letras? Insistimos em que tratassem de ler. Quando afinal decidem explorar os materiais impressos começam, de imediato, os intercâmbios nos grupos. Primeiro, a respeito da categorização do objeto que têm entre as mãos: isso é um livro (de que tipo?), um jornal, uma revista, um folheto etc. Conforme a categorização combinada, apresenta-se de imediato a antecipação sobre a organização do seu conteúdo: se é um jornal, tem de ter seções (política, esportes etc.); se é um livro, tem de ter o título no início, o nome do autor, a editora, o índice no início ou no final etc. Em todos os casos se supõe que as páginas estão numeradas, o que permite encontrar a diferença gráfica entre números e letras. Em alguns casos, a orientação da escrita não está clara (vai da esquerda à direita ou da direita à esquerda?) e se buscam indicadores para poder decidir (por exemplo, ver onde acaba um parágrafo e começa o seguinte). Supõe-se que haja letras maiúsculas e minúsculas e sinais de pontuação. Supõe-se que no jornal apareça a data completa (dia, mês e ano), enquanto que em um livro se busca apenas o ano de impressão. Se há fotografias ou desenhos, antecipa-se que o texto mais próximo tem a ver com o desenhado ou fotografado e, em se tratando de uma personagem pública (homem político, ator, esportista etc.), pressupõe-se que seu nome esteja escrito. Se a mesma personagem aparece em duas fotografias, procura-se de imediato, nos textos que se supõem ser legendas das fotografias, alguma parte em comum: caso seja encontrada, se supõe que aí está escrito o nome da personagem em questão. E assim se prossegue. No final de certo tempo de exploração (uma hora aproximadamente), os grupos confrontam suas conclusões. Todos conseguiram chegar a conclusões do tipo "aqui deve dizer...", "pensamos que aqui diz... porque...". Os que mais avançaram nas suas tentativas de interpretação são os que encontraram fotos, desenhos ou diagramas sobre os quais apoiar a interpretação dos textos. Foi explicado a eles que as crianças pequenas fazem a mesma coisa. Todos se sentiram muito desorientados ao explorar esses caracteres desconhecidos, e, em particular, descobriram como pode ser difícil encontrar dois caracteres iguais quando não se conhece quais são as variações irrelevantes e quais as variações importantes. Explicamos a eles, então, que as crianças também se sentem assim no início da aprendizagem. Mas todos puderam fazer antecipação sobre o significado porque sabem o que é um livro, como está organizado e que tipo de coisa pode estar escrito nele (o mesmo vale para os jornais, revistas etc.). Esse tipo de conhecimento geralmente as crianças não têm. Descobriram que construir antecipações sobre o significado e tratar depois de encontrar indicações que permitam justificar ou rejeitar a antecipação é uma atividade intelectual complexa, bem diferente da pura adivinhação ou da imaginação não controlada. Assim descobrem que o conhecimento da língua escrita que eles possuem, por serem leitores, não se reduz ao conhecimento das letras.

Uma vez esclarecidas estas dificuldades conceituais iniciais, é possível analisar a prática docente em termos diferentes do metodológico. A título de exemplo realizaremos a seguir a análise das concepções sobre a língua escrita subjacentes a algumas dessas práticas.

A) Existe uma polêmica tradicional sobre a ordem em que devem ser introduzidas as atividades de leitura e as de escrita. Na tradição pedagógica norte-americana, a leitura precede regularmente a escrita. Na América Latina, a tradição tende a utilizar uma introdução conjunta das duas atividades (e por isso tem se imposto a expressão *lecto-escritura*).[10] No entanto, espera-se habitualmente que a criança possa ler antes de saber escrever por si mesma (sem copiar). A inquietação dos professores subsiste: esta é uma das perguntas que formulam frequentemente (as crianças devem ler antes de escrever?). Se pensarmos que o ensino da língua escrita tem por objetivo o aprendizado de um código de transcrição, é possível dissociar o ensino da leitura e da escrita enquanto aprendizagem de duas técnicas diferentes, embora complementares. Mas esta diferenciação carece totalmente de sentido quando sabemos que, para a criança, trata-se de compreender a estrutura do sistema de escrita, e que, para conseguir compreender o nosso sistema, realiza tanto atividades de interpretação como de produção. A própria ideia da possibilidade de dissociar as duas atividades é inerente à visão do ensino da escrita como o ensino de técnica de transcrição.

B) Nas decisões metodológicas a forma de se apresentar as letras individuais ocupa um lugar importante (é preciso dar o nome ou o som?), bem como a ordem de apresentação tanto de letras quanto de palavras, o que implica uma sequência do "fácil" ao "difícil". Não vamos considerar aqui a questão da definição de "fácil" ou "difícil" que se está utilizando, ainda que seja um problema fundamental,[11] fonte dos primeiros fracassos na comu-

---

10. *Lecto-escritura*, em castelhano: leitura-e-escrita (N. do T.).

11. Em várias publicações anteriores enfatizei que nada pode definir-se em si como fácil ou difícil. Que algo é fácil quando corresponde aos esquemas assimiladores disponíveis e difícil quando obriga a modificar tais esquemas. Por isso há coisas que são fáceis em um momento e difíceis poucos meses depois. Por

nicação entre aquele que ensina e aquele que aprende. Me permito reproduzir aqui uma ilustração que sintetiza maravilhosamente esta ruptura inicial da comunicação[12]

(traduza-se a diferença entre os animais como diferença entre os "sistemas" disponíveis para ambos e a relação de dominação que essa diferença encerra). Vamos considerar unicamente as suposições no que diz respeito à informação disponível. A língua escrita é um objeto de uso social, com uma existência social (e não apenas escolar). Quando as crianças vivem em um ambiente urbano, encontram escritas por toda parte (letreiros da rua, vasilhames comerciais,

---

exemplo, o reconhecimento de certa letra como a inicial do próprio nome é fácil quando ela é interpretada como "a minha letra" ou "a letra do Ramón". Mas no momento em que se constrói a hipótese silábica e se começa a dar a essa letra inicial o valor da primeira sílaba do nome, aparecem novos problemas: Ramón, por exemplo, interpretará a primeira letra do seu nome (R) como "o ra" e então não compreende por que sua colega Rosa usa a mesma letra inicial quando deveria usar "o ro".

12. Trata-se de uma propaganda que circulou há muitos anos na Europa, como parte de uma promoção de cursos de línguas estrangeiras.

propagandas, anúncios da tevê etc.). No mundo circundante estão todas as letras, não em uma ordem preestabelecida, mas com a frequência que cada uma delas tem na escrita da língua. Todas as letras em uma grande quantidade de estilos e tipos gráficos. Ninguém pode impedir a criança de vê-las e se ocupar delas. Como também ninguém pode honestamente pedir à criança que apenas peça informação à sua professora, sem jamais pedir informação a outras pessoas alfabetizadas que possa ter à sua volta (irmãos, amigos, tios...).

Quando no âmbito escolar se toma alguma decisão sobre o modo de apresentação das letras costuma-se tentar — simultaneamente — controlar o comportamento dos pais a respeito disso (os clássicos pedidos de colaboração dos pais em termos de proibições, com autorização expressa de fazer exclusivamente o mesmo que se faz na escola, de modo a não criar conflitos no processo de aprendizagem). Pode-se talvez controlar os pais, mas é ilusório pretender controlar a conduta de todos os informantes em potencial (irmãos, amigos, tios, avós...), e é totalmente impossível controlar a presença do material escrito no ambiente urbano.

Muitas vezes tem se enfatizado a necessidade de abrir a escola para a comunidade circundante. Curiosamente, no caso onde é mais fácil abri-la é onde a fechamos. A criança vê mais letras fora do que dentro da escola: a criança pode produzir textos fora da escola enquanto na escola só é autorizada a copiar, mas nunca a produzir de forma pessoal. A criança recebe informação dentro mas também fora da escola, e essa informação extraescolar se parece à informação linguística geral que utilizou quando aprendeu a falar. É informação variada, aparentemente desordenada, às vezes contraditória, mas é informação sobre a língua escrita em contextos sociais de uso, enquanto que a informação escolar é frequentemente informação descontextualizada.

Por trás das discussões sobre a ordem de apresentação das letras e das sequências de letras reaparece a concepção da escrita como técnica de transcrição de sons, mas também algo mais sério e carregado dê consequências: a transformação da escrita em um objeto escolar e, por consequência, a conversão do professor no único informante autorizado.

Poderíamos continuar desta maneira com a análise de outras práticas, que são reveladoras da concepção que os que ensinam têm acerca do objeto e do processo de aprendizagem. A transformação destas práticas é que é realmente difícil, já que obriga a redefinir o papel do professor e a dinâmica das relações sociais dentro e fora da sala de aula. É importante indicar que de maneira alguma podemos concluir do que foi dito anteriormente que o professor deveria se limitar a ser simples espectador de um processo espontâneo. Foi Ana Teberosky, em Barcelona, a primeira a se atrever a fazer uma experiência pedagógica baseada, a meu ver, em três ideias simples mas fundamentais: a) deixar entrar e sair para buscar informação extraescolar disponível, com todas as consequências disso; b) o professor não é mais o único que sabe ler e escrever na sala de aula; todos podem ler e escrever, cada um ao seu nível;[13] c) as crianças que ainda não estão alfabetizadas podem contribuir com proveito na própria alfabetização e na dos seus companhei-

---

13. Isto é muito diferente do que acontece com algumas propostas nas quais o professor se torna "o escriba da turma", mas continua sendo o único que pode escrever.

ros, quando a discussão a respeito da representação escrita da linguagem se torna prática escolar.[14]

Conclusões

Do que foi dito fica claro, do nosso ponto de vista, que as mudanças necessárias para enfrentar sobre bases novas a alfabetização inicial *não* se resolvem com um novo método de ensino, *nem* com novos testes de prontidão *nem* com novos materiais didáticos (particularmente novos livros de leitura).

É preciso mudar os pontos por onde nós fazemos passar o eixo central das nossas discussões. Temos uma imagem empobrecida da língua escrita: é preciso reintroduzir, quando consideramos a alfabetização, a escrita como sistema de representação da linguagem. Temos uma imagem empobrecida da criança que aprende: a reduzimos a um par de olhos, um par de ouvidos, uma mão que pega um instrumento para marcar e um aparelho fonador que emite sons.[15] Atrás disso há um sujeito cognoscente, alguém que pensa, que constrói interpretações, que age sobre o real para fazê-lo seu.

---

14. Cf. sobre este último ponto, Teberosky (1982).

15. Falando da leitura, os Goodman disseram com particular ênfase: "Se compreendemos que o cérebro é o órgão humano do processamento de informação, que o cérebro não é prisioneiro dos sentidos mas que controla os órgãos sensoriais e utiliza seletivamente o *input* que deles recebe, então não pode nos surpreender que o que a boca diz na leitura em voz alta não é o que o olho enxergou mas o que o cérebro produziu para que a boca dissesse" (K. Goodman e Y. Goodman, 1977).

Um novo método não resolve os problemas. É preciso reanalisar as práticas de introdução da língua escrita, tratando de ver os pressupostos subjacentes a elas, e até que ponto funcionam como filtros de transformação seletiva e deformante de qualquer proposta inovadora. Os testes de prontidão também não são neutros. A análise de suas pressuposições mereceria um estudo em particular, que escapa aos limites deste trabalho. É suficiente apontar que a "prontidão" que tais testes dizem avaliar é uma noção tão pouco científica como a "inteligência" que outros pretendem medir.[16]

Em alguns momentos da história faz falta uma revolução conceitual. Acreditamos ter chegado o momento de fazê-la a respeito da alfabetização.

---

16. Em uma discussão sobre este tema, Hermine Sinclair empregou uma feliz expressão para nos alertar contra os perigos da noção de "prontidão para a leitura" (*reading readiness*): "Uma das coisas que tratamos de dizer nesta conferência é que não estamos (cientificamente) preparados para falar da prontidão para a leitura, e, até que isso aconteça, seria melhor supor que todas as crianças que temos na sala estão maduras para a leitura, ao invés de supor que podemos classificar aqueles que não têm o que supomos que sabemos que devem ter" (In: Ferreiro e Gómez Palacio [orgs.], 1982, p. 349).

A compreensão do sistema de escrita: construções originais da criança e informação específica dos adultos*

Emilia Ferreiro**
Ana Teberosky***

A leitura e a escrita têm sido tradicionalmente consideradas como objeto de uma instrução sistemática, como algo que deva ser "ensinado" e cuja "aprendizagem" suporia o exercício de uma série de habilidades específicas. Múltiplos trabalhos de psicólogos e educadores têm se orientado neste sentido. Não obstante, nossas pesquisas sobre os processos de compreensão da linguagem escrita nos obrigam a abandonar estas duas ideias: as atividades de interpretação e de produção de escrita começam antes da escolarização,

---

* Publicado em *Lectura y Vida*, ano 2, n. 1, 1981. Tradução de Marisa do Nascimento Paro.

** Professora titular do Departamento de Investigaciones Educativas del Centro de Investigaciones y Estudios Avanzados (CINVESTAV), México.

*** Licenciada em Ciências da Educação. Pesquisadora do Instituto Municipal de Educación (IME). Barcelona.

como parte da atividade própria da idade pré-escolar; a aprendizagem se insere (embora não se separe dele) em um sistema de concepções previamente elaboradas, e não pode ser reduzido à um conjunto de técnicas perceptivo-motoras.

A escrita não é um produto escolar, mas sim um objeto cultural, resultado do esforço coletivo da humanidade. Como objeto cultural, a escrita cumpre diversas funções sociais e tem meios concretos de existência (especialmente nas concentrações urbanas). O escrito aparece, para a criança, como objeto com propriedades específicas e como suporte de ações e intercâmbios sociais. Existem inúmeras amostras de inscrições nos mais variados contextos (letreiros, embalagens, tevê, roupas, periódicos etc.). Os adultos fazem anotações, leem cartas, comentam os periódicos, procuram um número de telefone etc. Isto é, produzem e interpretam a escrita nos mais variados contextos. É evidente que, por si só, a presença isolada do objeto e das ações sociais pertinentes não transmitem conhecimento, mas ambas exercem uma influência, criando as condições dentro das quais isto é possível. Imersa em um mundo onde há a presença de sistemas simbólicos socialmente elaborados, a criança procura compreender a natureza destas marcas especiais. Para tanto, não exercita uma técnica específica de aprendizagem. Como já fez antes, com outros tipos de objeto, vai descobrindo as propriedades dos sistemas simbólicos por meio de um prolongado processo construtivo. As características dos processos cognitivos têm sido expostas pelas bem conhecidas pesquisas de J. Piaget e seus colaboradores. Utilizamos o marco conceitual da teoria psicogenética de Piaget para compreender os processos de construção do conhecimento no caso particular da linguagem escrita.

Para descobrir como a criança consegue interpretar e produzir escritas muito antes de chegar a escrever ou ler (no sentido convencional do termo), criamos situações experimentais e utilizamos o "método clínico" ou de "exploração crítica" próprio dos estudos piagetianos.

Depois de uma série de pesquisas realizadas em castelhano e em francês, em Buenos Aires, Cidade do México, Monterrey, Barcelona e Genebra, com crianças que moram em cidades e são provenientes de diferentes meios sociais (de classe média e da periferia urbana marginalizada), estamos em condições de afirmar que existe um processo de aquisição da linguagem escrita que precede e excede os limites escolares. Precede-os na origem; e os excede em natureza, ao diferir de maneira notável do que tem sido considerado até agora como o caminho "normal" da aprendizagem (e, portanto, do ensino).

Através dos dados colhidos com populações infantis de diferentes meios sociais, pode-se estabelecer uma progressão regular nos problemas que elas enfrentam e nas soluções que as crianças ensaiam para descobrir a natureza da escrita. A ordem de progressão de condutas não impõe efetivamente um ritmo determinado na evolução. Aqui, como em outros campos do desenvolvimento cognitivo, encontramos grandes diferenças individuais: algumas crianças chegam a descobrir os princípios fundamentais do sistema antes de iniciarem a escola, ao passo que outras, estão longe de conseguir fazê-lo.

É difícil resumir a multiplicidade de dados que possuímos no momento, dados estes que sustentam nossas hipóteses. Mencionaremos alguns deles para exemplificar determinados aspectos de toda esta evolução.[1]

1. Construções originais das crianças

Entre os resultados mais surpreendentes que obtivemos (por meio de diferentes situações experimentais) se situam aqueles que demonstram que as crianças elaboram ideias próprias a respeito dos sinais escritos, ideias estas que não podem ser atribuídas à influência do meio ambiente. Desde aproximadamente os quatro anos, as crianças possuem sólidos critérios para admitir que uma marca gráfica possa ou não ser lida, antes de serem capazes de ler os textos apresentados. O primeiro critério organizador de um material composto por várias marcas gráficas é o de fazer uma dicotomia entre o "figurativo", por um lado, e o "não figurativo", pelo outro. Isto é, aquilo que é "uma figura" não é para se ler (embora possa ser interpretado). Para que se possa ler, são necessários outros tipos de marcas, definidos inicialmente por pura oposição ao figurativo e, às vezes, na ausência de qualquer termo genérico ("letras" ou "números").

Uma vez realizada esta primeira distinção entre "o que é uma figura" e "o que não é uma figura", começa um trabalho cognitivo em relação a este segundo conjunto, e surge o critério que temos chamado de "quantidade mínima

---

[1]. Para uma exposição pormenorizada, consulte-se nosso livro *Los sistemas de escritura en el desarrollo del niño*. México: Siglo XXI, 1979.

de caracteres", critério este que perdura por muito tempo e que tem uma influência decisiva em toda a evolução. Não basta que haja letras: é preciso uma certa quantidade mínima (que em geral oscila por volta de três) para que se possa ler, já que "com poucas não se pode ler".

O critério seguinte refere-se à "variedade interna de caracteres". Não basta um certo número de grafias convencionais: para que se possa ler, é necessário que essas grafias variem, que não se repitam sempre as mesmas.

Estas exigências aparecem diante de escritas descontextuadas (isto é, simples cartões escritos), mas também surgem nas escritas feitas pelas crianças (em oposição à cópia de escritas produzidas por terceiros). De onde vem a ideia infantil de que não se pode ler com poucas letras? Os adultos não podem transmitir esta ideia, já que qualquer adulto alfabetizado lê correntemente palavras tais como "a" (artigo), "o", "em", "a" (preposição), "e" "ou" "de" etc. Ambas as hipóteses, a da quantidade e a da variedade, *são construções próprias da criança*, no sentido de elaborações internas que não dependem do ensino do adulto e nem da presença de amostras de escrita onde podem aparecer anotações de uma ou duas letras, com reduzida variedade interna. São construções próprias da criança que tampouco podem ser explicadas por confusões perceptivas. Em vez de confusão trata-se de uma convicção: não há aqui um problema perceptivo, mas sim um problema conceitual. Exigir três letras como mínimo, além da variedade de caracteres, são exigências puramente formais, sistematizações feitas pelas crianças ao operarem com base no próprio raciocínio. Assinalemos também quanto a prática escolar pode afastar-se das ideias infantis ao decidir *a priori* que os artigos "o" e "a" são "fáceis" precisamente por terem poucas letras, e que os substantivos "ovo" e "asa" são "fáceis" precisamente por terem letras repetidas. Cabe aqui a pergunta: fáceis para quem?, com que definição de facilidade?

Quando o adulto fornece informações específicas sobre um texto, elas também são processadas de acordo com o sistema de concepções infantis. Por exemplo, ao apresentarmos uma oração escrita à criança e ao lê-la em voz alta (acompanhados de um assinalar contínuo do texto), cremos que estamos dando informações acerca daquilo que está escrito.

Mas, para a criança, não é isto que ocorre, porque ela faz uma distinção — que não estamos habituados a fazer — entre "o que está escrito" e "o que se pode ler". Por volta dos quatro ou cinco anos as crianças pensam que se pode escrever apenas os substantivos. Com uma série de substantivos relacionados podemos ler uma oração, sem que necessariamente todas as palavras que a compõem estejam representadas no papel.

Consideremos um exemplo concreto para esclarecer isto. Apresentamos e lemos para a criança a oração: *a menina comprou um caramelo*. A criança a repete corretamente (repetindo inclusive o assinalar contínuo que acabamos de fazer). Se lhe perguntarmos onde está escrito "menina" ou "caramelo", não terá dificuldades em assinalar alguma das palavras escritas (não importa, no momento, saber se a indicação é ou não correta), mas não lhe ocorrerá que o verbo, e muito menos os artigos, estejam escritos. De acordo com a análise realizada pelas crianças deste nível, existem partes escritas em demasia, e bastaria apenas duas palavras: "menina" e "caramelo" para se poder ler uma oração completa. O que falta não é a memória imediata (já que a criança consegue repetir a oração quando lhe perguntamos: "o que dizia o texto todo?"). É um problema de contraste de concepções. Para poder utilizar a informação fornecida pelo adulto, a criança deveria partir das suposições básicas de nosso sistema escrito: que todas as palavras ditas estão escritas, e que a ordem da escrita corresponde " à ordem da enunciação. Com estas duas suposições — e sem conseguirem ainda decifrar o texto — as crianças de outros níveis conseguem localizar corretamente todas as palavras da oração nas partes do texto. Mas estas suposições — que são evidentes para um adulto já alfabetizado — não são as primeiras, do ponto de vista genético. São o produto de uma ampla evolução.[2]

Vejamos um exemplo de tipos extremos de conduta de diferentes crianças ante uma mesma oração escrita. Erick (6 anos) ainda não sabe decifrar o texto, mas já trabalha com as suposições básicas que acabamos de mencionar. Para encontrar a posição de cada uma das palavras do texto, repete a oração para si, desde o começo, enquanto vai mostrando uma palavra escrita para cada palavra dita. Este é um procedimento muito eficaz, utilizado por várias crianças, quando já supõem que todas as palavras ditas estejam escritas na mesma ordem em que foram emitidas. A oração que nos servirá de exemplo é: *Papai martelou a tábua*.[3]

---

2. Para uma análise pormenorizada das técnicas e dos resultados, cf. Capítulo IV do livro já citado, e E. Ferreiro, What is written in a written sentence? A developmental answer, *Journal of Education*, 160, n. 4, 1978 (tradução para o castelhano: *Infancia y Aprendizaje*, n. 6, 1979).

3. Exemplos tomados de Ferreiro, Gómez Palacio, Guajardo, Rodriguez, Vega e Cantú, *El niño preescolar y su comprensión del sistema de escritura*. México: Dirección General de Educação Especial, 1979.

Experimentador	Erick (6 anos)
(Lê a oração.) O que diz?	Papai martelou a tábua. (Repassa o texto com o dedo indicador, repetindo para si a oração e logo mostra *tábua*).
Diz tábua em algum lugar?	
Diz papai em algum lugar?	(Mostra *papai*, sem pestanejar.)
O que diz aqui? (*martelou*.)	(Repassa o texto desde o começo, como antes.) *Martelou*.
E aqui? (*a*)	(Repete o mesmo procedimento.) *A*

Em um outro exemplo, uma menina da mesma idade não concebe que o artigo "a" possa estar escrito — apesar de repetir corretamente a oração:

Experimentador	Sílvia (6 anos)
(Lê a oração.) O que diz?	Papai martelou tábua.
Onde está escrito papai?	Aqui (*papai*).
E aqui? (*martelou*)	*Martelou*.
E aqui? (*tábua*)	*Tábua*.
E aqui? (*a*)	*Tá*.
Eu escrevi: papai martelou a tábua	Sim, papai martelou a tábua.
Então, o que diz aqui? (*papai*)	*Papai*.
Aqui? (*tábua*)	*Tábua*.
E aqui? (*a*)	*Tá*.

Está claro que Sílvia não tem problemas para reter a oração na memória imediata. Simplesmente não encontra razões válidas para pensar que possa estar escrito "a";[4] então,

---

4. *La*, em castelhano, escrito portanto com *duas* letras. Em português, *a*, escrito portanto com *uma* letra (N. da T.).

como muitas outras crianças, que tentam compreender o que pode estar representado neste "negócio" escrito com apenas uma letra, chega à seguinte conclusão: a uma escrita incompleta (já que tem menos letras do que as necessárias) só pode corresponder uma parte incompleta de um nome (isto é, uma parte silábica: "tá" de "tábua"). No caso específico da oração que tomamos como exemplo, as crianças que não pensam que o verbo possa estar escrito encontram uma solução imediata: transformar "martelou" no substantivo correspondente, "martelo". Assim raciocina Laura (também de 6 anos), para quem somente os nomes podem estar representados:

Experimentador	Laura (6 anos)
(Lê a oração.) O que diz?	Papai martelou a tábua.
Diz papai em algum lugar?	Aqui (*papai*).
Diz tábua em algum lugar?	Aqui (*tábua*).
O que diz aqui? (*martelou*)	Martelo.
E aqui? (*a*)	....
O que diz aqui? (*tábua*)	Tábua.
Aqui? (*papai*)	Papai.
E aqui? (*martelou*)	Martelo.
E nesse pedaço? (*a*)	....
O que diz o texto todo?	Papai martelou a tábua.
Onde está escrito tábua?	(Mostra *tábua*).
O que diz aí?	Tábua.
E aqui? (*a*)	....
Diz algo ou não diz nada?	Não, não diz nada.
Por quê?	Tem uma letra só.

Citamos explicitamente crianças da mesma idade cronológica, para que fique claro que a evolução a que estamos nos referindo não se expressa diretamente em termos de idade. Ainda que as respostas de Laura apareçam com muito mais frequência em crianças de 4 a 5 anos, os níveis de conceitualização expressam uma sequência psicogeneticamente ordenada e não uma série cronológica.

Estas respostas, sustentadas pela suposição de que somente os substantivos estão escritos, são completamente alheias ao pensamento de um adulto alfabetizado. Entretanto, por mais estranho que nos pareça, não são as respostas mais primitivas, já que supõem que as letras possam "dizer" algo, fora de qualquer contexto significativo. A dificuldade de se interpretar essas letras sem outro apoio simbólico ou material está claramente indicada no seguinte exemplo: dizemos a Héctor (de 5 anos) que acabamos de escrever: *Um pássaro voa*, e Héctor diz: *Pois faça o pássaro*. Perguntamos-lhe se assim não se pode dizer a oração e ele responde: "não, porque não tem nenhum pássaro voando. Faça um pássaro e uma árvore".

Héctor está nos indicando que não bastam as condições do diálogo: se quisermos que ele aceite o que dissemos, devemos oferecer-lhe algo mais do que simples letras sobre um papel: pelo menos o desenho de um pássaro, para que ele "possa dizer" o que acabamos de ler. Héctor, como outras crianças do mesmo nível, já sabe que se lê nas letras, mas para que se possa ler nas letras é necessário algo mais, precisamente aquilo que não é para se ler, mas que possibilita interpretar o que é para ler. É o que nos expressa claramente Ramiro, quando folheamos juntos um livro de histórias:

Experimentador	Ramiro (5 anos)
(Página com texto e figuras) Há algo aqui que se possa ler?	Sim (mostra alguns textos).
Mostre tudo o que se pode ler.	(Mostra todos os textos.)
(Página apenas com texto)	
Pode-se ler aqui?	Não.
Por quê?	Não tem nada.
Nada?	Não.
Por quê?	....
O que falta?	O que deveria ter.
O que deveria ter?	Coisas.
Coisas como estas? (texto)	Não.
Como quais?	Como estas (mostra figuras de outras páginas).
É possível ler aqui? (figuras)	Não.
Por quê?	Não tem letras.
Para que foram colocadas aqui?	Para que as víssemos.

Dificilmente se poderia ter, considerando tratar-se de uma criança de 5 anos, uma definição mais precisa do que é, em linguagem lógica, condição necessária porém não suficiente: pode-se ler somente nas letras (as figuras são somente "para se ver", e não podem ser lidas porque "não têm letras"); mas não se pode ler um texto sem imagens, porque não tem "o que deveria ter" para se poder interpretar as letras.

Até agora vimos como aparecem ideias propriamente infantis, construções originais e não meras cópias das informações adultas, quando se trata de estabelecer as "condições de legibilidade" ou de utilizar a informação fornecida por um adulto em um ato de leitura. Mas também nas produções escritas das crianças aparecem estas construções originais.[5]

Tais construções aparecem *antes* e *depois* que as letras se vinculem à representação de aspectos parciais e formais da fala. Antes, porque em determinado momento as crianças procuram estabelecer a correspondência entre a quantidade de letras da palavra escrita e certas propriedades quantificáveis do objeto (assim, por exemplo, Antonio, de 4 anos, nos diz que se deve escrever "elefante" com mais letras do que "borboleta", porque "ele pesa uns mil quilos"). *Depois*, porque a primeira vinculação clara entre a escrita e os aspectos formais da fala leva a criança a elaborar o que chamamos de "hipótese silábica", segundo a qual cada letra representa uma sílaba da palavra (momento no qual, por exemplo a letra *p* vale pela sílaba *pa* porque é o "*pa* de papai", e servirá então para escrever "pato", mas não para escrever "pipoca", porque "é necessário o *pi*", e assim por diante).

Como outros sistemas de escrita, o sistema alfabético é o produto do esforço coletivo para representar o que se quer simbolizar: a linguagem. Como toda representação, baseia-se em uma construção mental que cria suas próprias regras. Sabemos, desde Luquet, que desenhar não é reproduzir o

---

5. É preciso não confundir construções originais com produções idiossincráticas, no sentido de produções individualmente originais. O que falamos aqui foi de construções comuns a todas as crianças estudadas, em certo nível de desenvolvimento de suas conceitualizações e, neste sentido, semelhantes às construções originais estudadas por Piaget em outros domínios cognitivos. Para uma análise do desenvolvimento da escrita da criança, consulte-se o Capítulo IV do livro já citado na nota 1.

que se vê, mas sim o que se sabe. Se este princípio é verdadeiro para o desenho, com mais razão o é para a escrita. Escrever não é transformar o que se ouve em formas gráficas, assim como ler também não equivale a reproduzir com a boca o que o olho reconhece visualmente. A tão famosa correspondência fonema-grafema deixa de ser simples quando se passa a analisar a complexidade do sistema alfabético. Não é surpreendente, portanto, que sua aprendizagem suponha um grande esforço por parte das crianças, além de um grande período de tempo e muitas dificuldades.

2. Informações específicas

No desenvolvimento que temos estudado aparece, pois, uma série de concepções que não podem ser atribuídas a uma influência direta do meio. Certamente são concepções acerca das propriedades, estrutura e modo de funcionamento de certo objeto, e é preciso que o objeto como tal (a escrita em sua existência material) esteja presente no mundo externo para se poder fazer considerações a seu respeito. Entretanto, o que indubitavelmente ocorre é que esta reflexão comporta uma construção interna, cuja progressão não é aleatória.

Ao contrário, existem conhecimentos específicos sobre a linguagem escrita que só podem ser adquiridos por meio de outros informantes (leitores adultos ou crianças maiores). Por exemplo, o fato de se saber que cada letra tem um nome específico; que todas elas têm um nome genérico; que na oposição entre os nomes genéricos das marcas, a diferença entre "letras" e "números" é fundamental; que convencionalmente escrevemos de cima para baixo e da esquerda para a direita; que junto com as letras aparecem sinais que não são letras (sinais de pontuação); que utilizamos as maiúsculas para nomes próprios, para títulos e depois de um ponto etc. etc. Em todos estes casos trata-se da aprendizagem de convenções que não afetam a estrutura do sistema (o sistema pode continuar a ser alfabético embora não utilize sinais de pontuação, embora se escreva da direita para a esquerda, embora denominemos as letras de outra maneira, embora utilizemos as maiúsculas com outro fim etc.). É no caso destas aprendizagens que, conforme a procedência social das crianças, há maior variabilidade individual e maiores diferenças.

Tomemos, para exemplificar, o problema da orientação da leitura. A fim de averiguar quantas crianças conheciam esta direção convencional, apresentamos-lhes um livro de histórias (com gravuras e textos), solicitando-lhes que mostrassem com o dedo onde se começava a ler, que direção se tomava e onde se terminava. Aos 4 ou 5 anos a orientação convencional (da esquerda para a direita e de cima para baixo) raramente está presente; ou melhor, quando aparece, combina com outras, com uma acentuada tendência para a alternância. Esta alternância consiste em dar uma continuidade ao ato de assinalar; continuar do ponto onde se parou, originando assim uma combinação de direção alternativa em cada linha ou coluna. Ocorrem atos de assinalar na direção de cima para baixo, seguidos por outros de baixo para cima e em sentido vertical, ao passar de uma página para outra ou de uma coluna para outra; e da esquerda para a direita, seguidos por outros da direita para a esquerda e em sentido horizontal, ao se passar de uma linha para outra. Em contrapartida, por volta dos 5 anos e meio ou 6 as duas orientações já são conhecidas.

Por outro lado, existe uma acentuada diferença na distribuição das respostas de acordo com a procedência social dos sujeitos. Enquanto todas as crianças do grupo de 6 anos, pertencentes à classe média, conhecem as duas orientações convencionais, só algumas com a mesma idade, mas pertencentes à ciasse baixa, têm critérios claros a seu respeito. Para orientar-se dentro do texto é preciso saber que só sobre ele pode-se realizar um ato de leitura e este conhecimento não é manifestado por todas as crianças de 4 anos estudadas por nós. Algumas delas, pertencentes a grupos socialmente marginalizados, demonstram ter dificuldades para diferenciar atividades tão próximas: ler e escrever. Quando lhes perguntamos: "onde há algo para se ler?" (também em relação a um livro de histórias), respondem "com um lápis" ou "anotando". Está claro que, nos momentos iniciais desta evolução, a atividade de escrita é privilegiada. Enquanto escrever é uma ação com resultado (marcas sobre uma superfície), modificadora do objeto, a leitura não produz resultados observáveis em relação ao objeto. Como se escreve sobre o papel, este não será "o mesmo" antes e depois do ato da escrita; no entanto, como o que se lê já é algo escrito sobre um papel, o papel continuará a ser o mesmo antes e depois do ato de leitura. Provavelmente bastam poucos exemplos para se entender que classe de atos chamamos de "escrever" (embora não se entenda para que servem estas marcas e nem o que significam); contudo, são necessários inúmeros exemplos para se entender que classe de atos denominamos "ler". Não apenas porque existe leitura em voz alta e leitura silenciosa, leitura para terceiros e leitura para si mesmo, mas também porque é preciso, no caso específico da leitura em voz alta, fazer-se a diferenciação deste ato de fala de outros atos de fala que também podem ser realizados diante de um texto (comentar, contar, perguntar etc.).

A distância da informação que separa um grupo social de outro não pode ser atribuída a fatores puramente cognitivos. Esta distância diminui quando o que está em jogo é o raciocínio da criança; aumenta quando se necessita contar com informações precisas do meio. Na verdade, o sistema de escrita tem um modo social de existência. Se bem que não seja necessário contar com uma informação especial para se aprender uma atividade tão natural como a de marcar (deixar traços sobre qualquer tipo de superfície), e embora estas marcas estejam longe de constituir escritas em sentido exato, é imprescindível que a informação seja socialmente transmitida para chegar a compreender ações tão pouco "resultativas" quanto a leitura. A criança que cresce em um meio "letrado" está exposta à influência de uma série de ações. E quando dizemos ações, neste contexto, queremos dizer *interações*. Através das interações adulto-adulto, adulto-criança e crianças entre si, criam-se as condições para a inteligibilidade dos símbolos. A experiência com leitores datextos informa sobre a possibilidade de interpretação dos mesmos, sobre as exigências desta interpretação e sobre as ações pertinentes, convencionalmente estabelecidas. Aqueles que conhecem a função social da escrita dão-lhe forma explícita e existência objetiva através de ações interindividuais. A criança se vê continuamente envolvida, como agente e observador, no mundo "letrado".

Os adultos lhe dão a possibilidade de agir como se fosse leitor — ou escritor —, oferecendo múltiplas oportunidades para sua realização (livros de histórias, periódicos, papel e lápis, tintas etc.). O fato de poder comportar-se como leitor antes de sê-lo, faz com que se aprenda precocemente o essencial das práticas sociais ligadas à escrita.

3. Algumas implicações pedagógicas

A dimensão das questões levantadas pode suscitar de imediato uma pergunta: se a compreensão da escrita começa a se desenvolver antes de ser ensinada, qual é o papel dos adultos, especialmente dos professores, no que se refere à aprendizagem? Não se deve deduzir de nossos estudos que subestimamos a importância da escola. Ao contrário, cremos que ela pode cumprir um papel importante e insubstituível. No entanto, este não deveria ser o de dar inicialmente todas as chaves secretas do sistema alfabético, mas o de criar condições para que a criança as descubra por si mesma.

Esperamos que os dados aqui apresentados sirvam para sustentar nossas asserções e para abrir caminhos para reflexões sobre suas implicações pedagógicas.

Os estudos comparativos com populações de diversas procedências sociais e nacionais nos permitem afirmar que é muito o que a escola pode fazer para ajudar as crianças, especialmente aquelas cujos pais, analfabetos ou semianalfabetos, não possam transmitir-lhes um conhecimento que eles mesmos não possuem. O professor é quem pode minorar esta carência, evitando porém ficar prisioneiro de suas próprias convicções: as de um adulto já alfabetizado. Para ser eficaz, terá que adaptar seu ponto de vista ao da criança. Tarefa nada fácil, já que poderia parecer impossível reconstruir introspectivamente o estado de analfabetismo pelo qual todos já passamos. É aqui que os dados anteriores podem ajudar fazendo ver a nacionalidade do que aparentemente é irracional, a coerência do que é aparentemente incoerente e a dificuldade do que é aparentemente óbvio.

Decidimos, a título de conclusão, assinalar alguns aspectos sobre os quais os profissionais deveriam estar alertas:

a) Se pensarmos que a escrita remete de maneira óbvia e natural à linguagem, estaremos supervalorizando as capacidades da criança, que pode estar longe de ter descoberto sua natureza fonética.

b) Em contrapartida, poderíamos menosprezar seus conhecimentos ao trabalhar exclusivamente com base na escrita cópia e sonorização dos grafemas. Enquanto a criança "sabe" que a escrita é significativa, o adulto a esconde atrás do traçado de formas gráficas ou da repetição de fonemas isolados, ambos sem sentido.

c) Ao tratarmos como ininteligível a produção escrita da criança, na medida em que esta não se aproxima da escrita convencional, estaremos desvalorizando seus esforços para compreender as leis do sistema. Imitando a mãe que age "como se" o bebê estivesse falando quando produz seus primeiros balbucios, o professor teria que aceitar as primeiras escritas infantis como amostras reais de escrita e não como puros "rabiscos".

d) Interpretar em termos de certo ou errado (em relação ao modelo adulto) os esforços iniciais para compreender, é negar-se a ver os processos e intenções que possibilitam a avaliação dos resultados.

e) A ênfase na reprodução de traçados reduz a escrita a um objeto "em si", de natureza exclusivamente gráfica: insistir na correspondência fonema-grafema é apresentar a escrita como "espelho" dos aspectos sonoros da linguagem. Ela nem "reflete" apenas os fonemas e nem é um objeto "opaco". É um produto de uma construção *mental* da humanidade, a partir de uma tomada de consciência das propriedades da linguagem. Como todo sistema simbólico, impõe regras de representação que têm sentido dentro do sistema (pensemos na direção convencional da esquerda para a direita, na utilização de maiúsculas, na separação de palavras, e assim por diante).

f) Os problemas que a criança enfrenta em sua evolução não estão sujeitos a qualificativos em termos de "simples" ou "complexos". São os problemas que ela pode resolver em uma ordem não aleatória, mas internamente coerente.

g) Finalmente, se só nos dirigirmos às crianças que compartilhem alguns de nossos conhecimentos (ou seja, a quem já tenha percorrido praticamente sozinho grande parte do caminho), deixaremos de lado uma grande porcentagem da população infantil estacionada em níveis anteriores a esta evolução, condenando-a — involuntariamente — ao fracasso.

Processos de aquisição da língua escrita no contexto escolar*

Estamos tão acostumados a considerar a aprendizagem da leitura e escrita como um processo de aprendizagem escolar que se torna difícil reconhecermos que o desenvolvimento da leitura e da escrita começa muito antes da escolarização. Os educadores são os que têm maior dificuldade em aceitar isto. Não se trata simplesmente de aceitar, mas também de não ter medo de que seja assim. Lembro-me de ter ouvido de uma professora que, infelizmente, seu próprio filho aprendeu a ler sozinho, antes de entrar na escola de 1º grau. *Infelizmente*, ela dizia, porque aprendeu fora de todo controle sistemático. Esta criança não tem qualquer problema específico de leitura; a única dificuldade aparente que apresenta (não traçar as letras

---

* Procesos de adquisición de la lengua escrita dentro del contexto escolar. *Lectura y Vida* (revista latino-americana de lectura), v. 4, n. 2, p. 11-18, jun. 1983. (A versão original foi apresentada pela autora na XXVII Reunião Anual da International Reading Association, Chicago, EUA, em abril de 1982, sob o título "Literacy development: the construction of a new object of knowledge".) Traduzido por Maria Amélia de Azevedo Goldberg.

com a clareza e a perfeição esperadas por sua mãe) é atribuída a este fato horrível: aprendeu sozinha, sem estar autorizada a fazê-lo.

A ideia subjacente a esse modo de raciocinar e ainda muito difundida é a seguinte: necessitamos controlar o processo de aprendizagem, pois, caso contrário, algo de mau vai ocorrer. A instituição social criada para controlar o processo de aprendizagem é a escola. Logo, a aprendizagem deve realizar-se na escola.

Felizmente, as crianças de todas as épocas e de todos os países ignoram esta restrição. Nunca esperaram completar 6 anos e ter uma professora à sua frente para começarem a aprender. Desde que nascem são construtoras de conhecimento. No esforço de compreender o mundo que as rodeia, levantam problemas muito difíceis e abstratos e tratam, por si próprias, de descobrir respostas para eles. Estão construindo objetos complexos de conhecimento e o sistema de escrita é um deles.

Aqui é preciso estabelecer duas distinções. A primeira remete a um problema epistemológico fundamental. A segunda diz respeito à relação entre processos epistemológicos e os métodos ou procedimentos de ensino.

Vejamos a primeira. A distinção a ser estabelecida é entre a construção de um objeto de conhecimento e a maneira pela qual fragmentos de informação fornecidos ao sujeito são incorporados ou não como conhecimento. Embora estreitamente relacionados, trata-se de processos diferentes. Em ambiente urbano, as crianças estão, desde seu nascimento, expostas a material escrito e a ações sociais vinculadas a esse tipo de material. Podem obter informação acerca de alguns tipos de relações entre ações e objetos (por exemplo, que enviar uma carta pressupõe escrever algo em uma folha de papel, colocá-la num envelope e ir ao correio depois, tudo isso sem sabrer exatamente o que significa "escrever", que classe de objeto é uma carta e, menos ainda, que tipo de instituição é o correio ou qual é o vínculo entre o carteiro e o destinatário da carta).

A construção de um objeto de conhecimento implica muito mais que mera coleção de informações. Implica a construção de um esquema conceitual que permita interpretar dados prévios e novos dados (isto é, que possa receber informação e transformá-la em conhecimento); um esquema conceitual que permita processos de inferência acerca de propriedades não observadas de um determinado objeto e a construção de novos observáveis, na base do que se antecipou e do que foi verificado.

Frequentemente se aceita que o desenvolvimento da *lecto-escritura*[1] comece antes da escola; todavia, considera-se apenas como a aprendigazem de diferentes informações não relacionadas entre si, que logo serão reunidas por algum tipo de mecanismo não especificado. Porém, a aprendizagem da leitura-e-escrita é muito mais que aprender a conduzir-se de modo apropriado com este tipo de objeto cultural (inclusive, quando se define culturalmente o termo "apropriado", ou seja, quando o relativizamos). É muito mais do que isto, exatamente porque envolve a construção de um novo objeto de conhecimento que, como tal, não pode ser diretamente observado de fora.

---

1. *Lecto-escritura* em castelhano: leitura-e-escrita (N. da T.).

A distinção anterior está em íntima relação com a que se segue: a distinção entre métodos ou procedimentos de ensino e o processo de aprendizagem. O propósito de manter o processo de aprendizagem sob controle traz implícita a suposição de que os procedimentos de ensino determinam os passos na progressão da aprendizagem. Por sua vez, este ponto de vista baseia-se na convicção de que "nada está dentro da mente se não esteve antes fora dela". Toda pesquisa psicológica ou psicopedagógica orientada por esta suposição implícita pareceria comprovar que assim ocorre efetivamente. No entanto, isto só se verifica quando as respostas do sujeito são analisadas apenas em termos de "certas" ou "erradas", isto é, respostas esperadas, "boas" por oposição às outras, que são consideradas única e exclusivamente em termos negativos.

Todavia, quando a pesquisa é conduzida na base de outro tipo de pressupostos, ou seja, que as respostas do sujeito são apenas a manifestação externa de mecanismos internos de organização e que as respostas podem ser classificadas em termos de "corretas ou incorretas" somente quando o ponto de vista do observador é tomado como sendo o único legítimo — pode-se encontrar uma porção de coisas muito estranhas. Foi Jean Piaget quem nos obrigou a reconhecer a importância destas "coisas muito estranhas" que ocorrem no desenvolvimento cognitivo. Por essa mesma razão obrigou-nos a abandonar esta manifestação particular do "egocentrismo" que pode ser chamada "adultocentrismo" (o egocentrismo não está restrito apenas a um período da vida: reaparece, em níveis muito diferentes, tal como se pode ver claramente na história das Ciências Sociais). Jean Piaget obrigou-nos a abandonar a ideia de que nosso modo de pensar é o único legítimo e obrigou-nos a adotar o ponto de vista do sujeito em desenvolvimento. Isto é fácil de dizer, mas muito difícil de aplicar coerente e sistematicamente.

No caso do desenvolvimento da leitura-e-escrita, a dificuldade para adotar o ponto de vista da criança foi tão grande que ignoramos completamente as manifestações mais evidentes das tentativas infantis para compreender o sistema de escrita: as produções escritas das próprias crianças. Até há poucos anos as primeiras tentativas de escrever feitas pelas crianças eram consideradas meras garatujas, como se a escrita devesse começar diretamente com letras convencionais bem traçadas. Tudo o que ocorria antes era simplesmente considerado como tentativas de escrever e não como escrita real. Na melhor das hipóteses, era considerada como atividade puramente gráfica, relevante para a verdadeira escrita apenas na medida em que conduzia a um crescente controle dos instrumentos e espaço gráficos. Não se supunha que a execução de tais garatujas ocorresse simultaneamente com algum tipo de atividade cognitiva. Essas estranhas marcas gráficas pareciam estar dispostas ao acaso. Mais ainda: quando as crianças começavam a traçar letras convencionais, porém em uma ordem não convencional, o resultado era considerado uma "má" reprodução de alguma escrita que, por certo, teriam observado nalgum outro lugar.

Mesmo agora, quando a expressão *invented spelling*[2] (escrita inventada) tornou-se popular (pelo menos nos Es-

---

2. *Invented spelling* em inglês: ortografia inventada (N. da T.).

tados Unidos), não é fácil encontrar educadores e investigadores capazes de interpretar todas as sutilezas envolvidas nas produções escritas que precedem qualquer tentativa de estabelecer uma correspondência entre letras e sons.

Nossos estudos longitudinais com crianças de 3 a 7 anos, cuja língua materna era o castelhano (Ferreiro, 1982), permitiram-nos — além de outros resultados novos — confirmar as hipóteses sobre o desenvolvimento, que havíamos formulado ao publicarmos nossas investigações transversais prévias (Ferreiro e Teberosky, 1979). Sabemos agora que há uma série de passos ordenados antes que a criança compreenda a natureza de nosso sistema alfabético de escrita e que cada passo caracteriza-se por esquemas conceituais específicos, cujo desenvolvimento e transformação constituem nosso principal objeto de estudo. Nenhum desses esquemas conceituais pode ser caracterizado como simples reprodução — na mente da criança — de informações fornecidas pelo meio. Esses esquemas implicam sempre um processo construtivo no qual as crianças levam em conta parte da informação dada, e introduzem sempre, ao mesmo tempo, algo de pessoal. O resultado são construções originais, tão estranhas a nosso modo de pensar, que, à primeira vista, parecem caóticas. Essas "coisas muito estranhas", que Piaget nos ajuda a interpretar em outros domínios, aparecem *também* no desenvolvimento da leitura-e-escrita. A história desses esquemas conceituais não é um processo ao acaso: essa história tem uma direção, embora não possa ser caracterizada como um processo puramente maturacional. Cada passo resulta da interação que ocorre entre o sujeito cognoscente e o objeto de conhecimento: no processo de assimilação (isto é, no processo de elaboração da informação), o sujeito transforma a informação dada; às vezes a resistência do objeto obriga o sujeito a modificar-se também (isto é, a mudar seus próprios esquemas) para compreender o objeto (isto é, para incorporá-lo, para apropriar-se dele).

Um dos dados mais recentes que obtivemos foi este: muitas crianças que, ao começarem a escola de 1º grau, estão em níveis conceituais muito elementares acerca do sistema de escrita, seguem durante o primeiro ano escolar a mesma progressão que outras crianças apresentam antes de entrar para a escola; isto ocorre apesar de estarem expostas a ações sistemáticas, planejadas para fazê-las compreender diretamente o sistema alfabético de escrita.

Vamos apresentar alguns exemplos pormenorizados. Antes, porém, duas observações são necessárias. Em primeiro lugar, o desenvolvimento da leitura-e-escrita me preocupa não apenas por razões teóricas mas também por razões práticas: o analfabetismo ainda hoje é um grave problema na América Latina. O sistema da escola pública é o que me interessa, pois, se quisermos mudar a situação escolar da maioria da população de nossos países, esse sistema é o que deve ser mais sensível aos problemas das crianças e mais eficiente para resolvê-los. Em qualquer país, sempre será possível encontrar situações especiais, envolvendo uma minoria de crianças: escolas com projetos-piloto, onde as coisas se passam de outro modo, professores treinados que se comportam de forma diferente etc. Estudar os problemas de alfabetização em nível nacional não é o mesmo que estudá-los em escala local ou em situações particulares bem controladas. Se se considerar que as crianças que apresentaremos a seguir poderiam ter recebido um ensino diferente e obtido, ao final, melhores resultados, estou antecipadamente de acordo. Mas não estou interessada, aqui, na metodologia como tal e, sim, na distinção necessária entre o que é ensinado e o que se aprende, e esta distinção aplica-se a *qualquer* metodologia, embora seja mais fácil demonstrá-la no caso de um ensino de tipo mais tradicional. Além disso, dentro do sistema público de educação, meu interesse está centrado naquelas crianças que tiveram possibilidades muito limitadas de estarem rodeadas por materiais escritos e de serem seus usuários: crianças de pais analfabetos ou semialfabetizados, crianças que tiveram pouca ou nenhuma oportunidade de frequentar uma instituição pré-escolar. Meu interesse particular por elas liga-se tanto a razões teóricas quanto práticas; de uma parte, essas crianças são as únicas que nos podem mostrar se a linha de desenvolvimento mencionada anteriormente tem uma certa "lógica interna" que se contrapõe a ações pedagógicas explícitas e sistemáticas que a ignoram; de outro lado, porque são estas as crianças que, mais frequentemente, fracassam na escola.

Vejamos os exemplos:

Olga Letícia é uma menina de 6 anos que entra na escola com um tipo de escrita indiferenciada. Escreve tudo com o mesmo grafema, repetido muitas vezes; o começo e o fim estão determinados exclusivamente pelos limites do espaço gráfico; seu próprio nome recebe o mesmo tipo de representação. Um único aspecto positivo deve ser mencionado: a linearidade na disposição dos caracteres.

ILUSTRAÇÃO A1*

OLGA LETICIA — I (setembro)

(Olga Leticia)
(Olga Leticia)

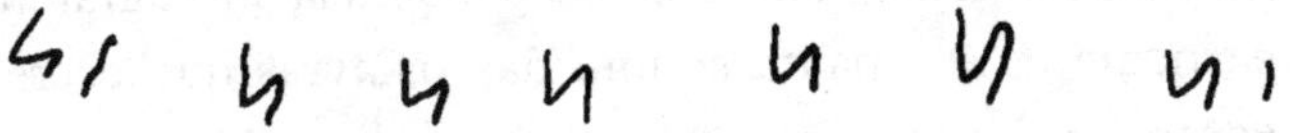

(vaca)
(vaca)

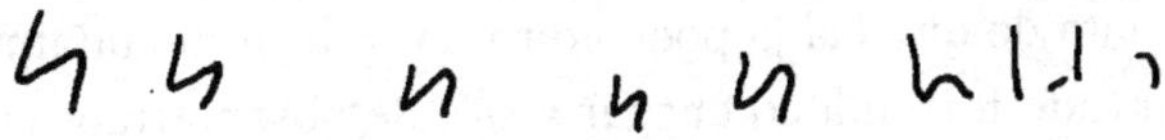

(mosca)
(mosca)

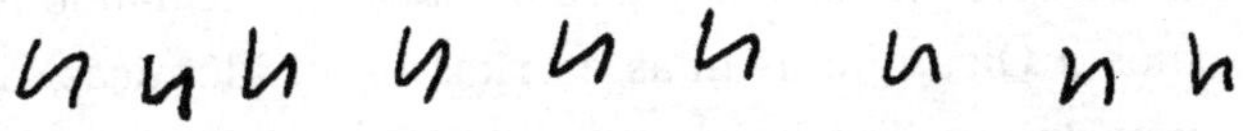

(elefante)
(elefante)

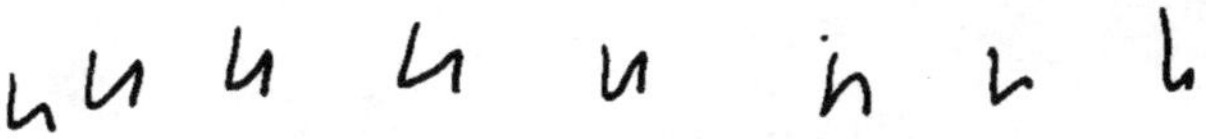

(mamá come tacos)
(mamãe come *tacos* [comida típica mexicana])

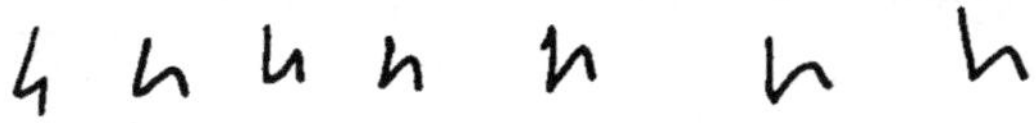

---

* Em todas as ilustrações, reproduzimos as palavras em castelhano a fim de assegurar pleno entendimento do processo descrito (N. da T.).

Dois meses depois, Olga fez alguns progressos. Sem dúvida alguma, sua professora estava ensinando uma das séries tradicionais em espanhol (*sa, se, si, so, su*) e uma das palavras escolares mais comuns (*"oso"*).* A professora estava ensinando algo relacionado ao alfabeto. O que Olga aprendeu foi outra coisa: aprendeu a desenhar algumas letras e, talvez, um certo tipo de alternância de caracteres em uma série. Certamente, não há correspondência entre grafemas particulares e a pauta sonora das palavras que escreve. Porém, com a informação fornecida pelo meio, Olga é agora capaz de escrever de modo mais convencional. No entanto, evidencia-se muito pouco progresso cognitivo, exceto pelo fato de que ela já pode controlar o término de uma escrita (tudo termina ao chegar a *su*). Se observarmos cuidadosamente, veremos que escreve duas vezes no final a conhecida série *sasesisosu* para representar duas emissões muito diferentes (*mosca* e *papai come "tacos"*).** Quando mostramos a Olga que as duas escritas eram idênticas, ela não pensou que isso fosse uma objeção e continuou afirmando que havia escrito duas coisas diferentes, apesar da identidade objetiva das escritas.

---

* *Oso* em castelhano: urso. Os termos em castelhano serão preservados sempre que necessário, para garantir o pleno entendimento do texto (N. da T.).
** *Tacos*, comida típica mexicana (N. da T.).

REFLEXÕES SOBRE ALFABETIZAÇÃO 73

ILUSTRAÇÃO A2

OLGA LETICIA - II (novembro)

(Olga Leticia)
(Olga Leticia)

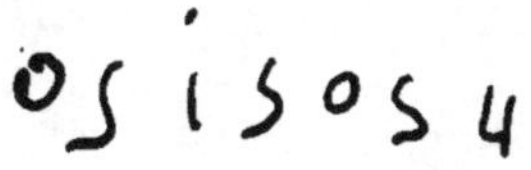

ᴄ ᴄ ʋ ᴄ í ᴄ ᴄ ᴜ ᴌ o ᴄ í

o s i s o s u   **(vaca)**
(vaca)

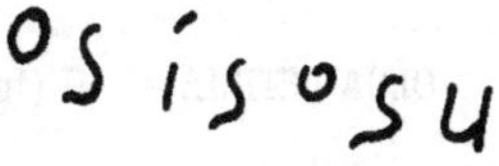

o s i s o s u   **(toro)**
(touro)

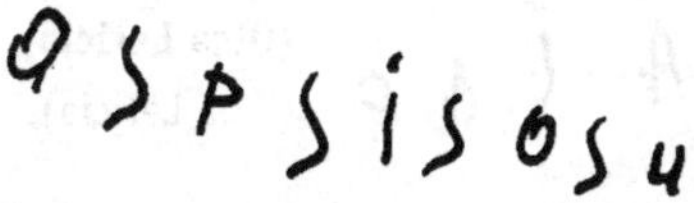

o s p s i s o s u   **(mariposa)**
(borboleta)

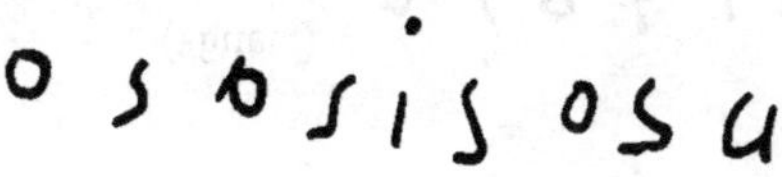

o s o s i s o s u   **(elefante)**
(elefante)

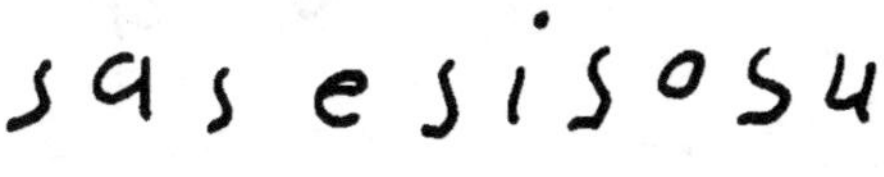

s a s e s i s o s u   **(mosca)**
(mosca)

s a s e s i s o s u   **(papá come tacos)**
(papai come *tacos*)

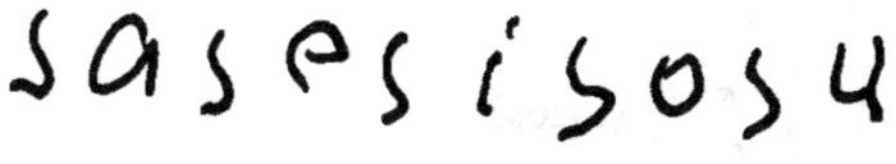

Terceira entrevista, dois meses e meio depois:

Olga havia ampliado consideravelmente seu repertório de letras. Não há dúvida de que a professora havia acrescentado outras combinações "consoante + vogal" à primeira. A professora estava procurando apresentar a escrita alfabética como combinação de sílabas. Olga aprendeu outra coisa: aprendeu a produzir diferenças objetivas nos resultados, para representar coisas diferentes.

ILUSTRAÇÃO A3

OLGA LETICIA — III (fevereiro)

A u A e A o A i A o   (Olga Leticia)
(Olga Leticia)

t a t e t i t o t o   (mango)
(manga)

s a s e s i s o s u

m a m e m i m o   (agua)
(água)

l a l e l i   (tacos)
(tacos)

p u p e p o   (Yo como plátanos)
(eu como bananas)

Foi então que a professora decidiu que Olga deveria repetir o 1º ano escolar.

Quarta entrevista, quase ao final do ano, quando a professora concentrava sua atenção somente naqueles alunos que poderiam ser promovidos:

> Olga Leticia havia feito progressos notáveis. É capaz de escrever seu nome com muito cuidado, pronunciando-o silabicamente para si mesma ("Ol... ga... letiii") enquanto põe *ogia* (no papel). Em seguida trata de verificar. Vai dizendo uma sílaba de cada vez enquanto assinala letra por letra: "Ol-ga-le-tis...". Surpresa com o resultado, começa novamente: "Ol-ga-le... faltou o le".
> Nós a estimulamos a começar de novo. Enquanto vai dizendo para si mesma "... le, la e ? ... Ol - ga - le - ti...la 1...cia", escreve *ogeisa* e aí sim fica satisfeita com o resultado. Utilizando o mesmo método escreve várias palavras. Sem perceber, escreve duas vezes a mesma série *uno*, uma vez com a intenção de escrever "mu-ñe-co" (boneco) e a outra querendo escrever "un árbol" (o acréscimo do artigo indefinido tem aqui a finalidade de aumentar a palavra dissílaba). Desta vez, quando lhe pedimos que leia estas duas escritas idênticas, imediatamente dá-se conta da dificuldade e trata de corrigir, sem qualquer hesitação: "ár-bol" (árvore) ... faltou o a".[3] Algo semelhante ocorre com outras duas palavras ("sal" e "sopa"), que recebem a mesma representação escrita: *sa*.

---

3. De fato, Olga esqueceu que havia escrito "un árbol" e não apenas "ár-bol"; todavia, como era muito difícil para ela aceitar que se pudesse colocar menos de três letras numa escrita, procurou conservar essa quantidade mínima e o resultado foi *auo*; embora não saiba justificar a letra intermediária, insiste que necessita de três para escrever essa palavra.

ILUSTRAÇÃO A4

OLGA LETICIA — IV (maio)

o g i a   (ol-ga-letiii-cia)
(ol-ga-letiii-cia)

o g e i s a   (ol-ga-le-ti-cia [2])
(ol-ga-le-ti-cia [2])

(mu-ñe-co)
(bo-ne-co)

U ho

m i e s a   (ma-ri-po-sa [2])
(bor-bo-le-ta [2])

a e s a   (pa-le-te [2])
(pa-zi-nha [2])

S a   (sal ; sa-sal ; sa-l)
(sal ; sa-sal ; sa-l)

a g e s e   (a-gua-ca-te)
(a-ba-ca-te)

S u o   (sa-po-poooo ; sa-p-o)
(sa-po-oooo ; sa-p-o)

(u-nar-bol)
(u-mar-vore)

U no

a U o

(ar-bol)
(ar-vore)

S a   (so-pa)
(so-pa)

Quando as comparamos, ela sustenta que "so-pa" está escrita na primeira e "sal" na segunda; aceitar colocar uma única letra para uma palavra de uma sílaba era realmente demasiado para ela: por isso, deixou as escritas como estavam.

Durante o ano escolar, esta criança apresentou uma progressão que não foi considerada progresso, no momento das "grandes decisões" (promovê-la ou fazê-la repetir de ano). Não obstante isso, ela ainda continuou progredindo (e muito) até o final do ano. Pelos padrões escolares, estava ainda muito abaixo do desempenho esperado, porque não escrevia de modo convencional. Na realidade, porém, estava fazendo muito mais do que reproduzir escritas previamente observadas na lousa ou no livro escolar: *estava inventando um sistema silábico de escrita.*

Esta invenção não é específica de Olga. A escrita silábica é o resultado de um dos esquemas mais importantes e complexos que se constroem durante o desenvolvimento da leitura-e-escrita. Esse esquema permite à criança relacionar, pela primeira vez, a escrita à pauta sonora da palavra: uma letra para cada sílaba; tantas letras quantas sílabas. Mais ainda, no caso de Olga, as letras — particularmente as vogais — adquiriram certa estabilidade: por exemplo, a letra *a* só aparece para representar sílabas nas quais o som convencional dessa letra aparece.

Outro exemplo:

Omar é um menino de 6 anos que começa a escola de 1º grau sabendo como desenhar seis letras diferentes. Utiliza este repertório para diferenciar uma palavra escrita da seguinte. Quase sempre começa com a mesma letra (E). Fixou também a quantidade de letras para cada palavra (quatro ou cinco letras). A única palavra escrita com duas letras é "mariposa", por uma razão muito precisa: apresentamos-lhe simultaneamente "mariposa (borboleta) e "caballo" (cavalo) e ele disse que "mariposa" tem menos letras que "caballo" porque uma mariposa é menor que um cavalo. Jamais repete a mesma letra em u'a mesma escrita. Com variações bastante limitadas na quantidade de letras e com um repertório de letras também limitado, Omar é obrigado a descobrir que se pode obter diferentes escritas, mudando a ordem dos elementos (e isto ainda é mais difícil de obter porque impõe a si próprio uma restrição adicional: começar sempre com a mesma letra). As letras não têm ainda um valor sonoro estável (seja ou não convencional). Todavia, este tipo de escrita não é uma escrita primitiva: Omar mostra um controle sobre suas produções, um controle determinado por princípios organizadores internos que não derivam diretamente da experiência.

ILUSTRAÇÃO B1

OMAR — I (setembro)

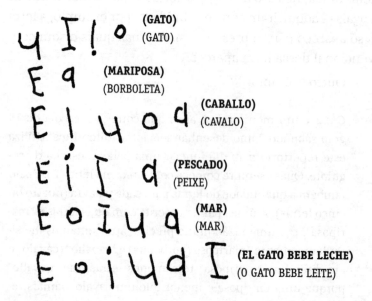

Dois meses depois Omar apresenta um tipo de escrita silábica. As vogais adquiriram *valores sonoros convencionais, embora sejam* utilizadas para representar uma sílaba completa. Todavia, as mesmas vogais podem servir para finalidades diferentes quando surgem situações conflitivas específicas. Vejamos: a primeira palavra que pedimos para Omar escrever é, por certo, uma palavra terrível para esse tipo de escrita silábica: "calabaza" (moranga), que deveria ser escrita *AAAA*; isto, porém, é rigorosamente proibido pelo princípio de variação interna que as crianças estabelecem para si próprias (não repetir mais de duas vezes a mesma letra em uma escrita, pois, caso contrário, o resultado será algo "não legível"). A solução proposta por Omar consiste em conservar o *a* para ambos os extremos, inserindo no meio duas outras letras, e deixando temporariamente de lado o que se sabe sobre o valor sonoro convencional dessas letras.

ILUSTRAÇÃO B2*

OMAR — II (novembro)

(ca-la-ba-za)
(mo-ran-ga)

(pi-ña. 1-2)
(aba-caxi. 1-2)

(ce-bo-lla. 1-2-2)
(ce-bo-la. 1-2-2)

(pan)
(pão)

(el-ga-to-co-me-pan. 1- 1- 1- 1- 1- 2)
(o-ga-to-co-me-pão. 1- 1- 1- 1- 1- 2)

---

1. Os números indicam quantas letras assinala ao emitir cada sílaba.

A palavra seguinte — "piña" (abacaxi) — pode levar ou não a uma situação conflitiva, dependendo do valor numérico do princípio de quantidade mínima adotado pela criança. No caso de Omar, "piña" não é uma palavra fácil de escrever: de acordo com sua hipótese silábica — uma letra para cada sílaba — necessitaria colocar duas letras apenas; porém, segundo seu requisito de quantidade mínima, necessita colocar pelo menos três letras. Acaba conseguindo uma solução de compromisso, pondo as duas vogais da palavra em ambos os extremos e outra letra no meio. A função desta última letra não é a de representar uma sílaba, mas sim a de tornar a escrita "legível".

A palavra seguinte — "cebolla" (cebola) — deveria ser fácil de escrever porque tem três sílabas e diferentes vogais; porém, neste contexto particular, suscita alguns problemas. Omar começa escrevendo três letras "boas" para esta palavra; mas como já havia colocado três letras para a última palavra que tinha apenas duas sílabas, sente-se obrigado a juntar mais duas letras (das mesmas anteriores). Se uma palavra dissílaba levanta sérios problemas, é fácil imaginar o quanto difícil será tratar um monossílabo. Ao escrever "pan" (pão), Omar começa com a vogal correta, para em seguida perder praticamente o controle — como muitas outras crianças —, terminando com tantas letras quantas havia colocado para a palavra anterior. Por fim, com a oração que lhe apresentamos, consegue recuperar sua hipótese principal, começando com uma letra para cada sílaba: não qualquer letra, mas sim as vogais que pertencem a cada uma das sílabas (exceto no final, quando reaparece a palavra "pan", fazendo talvez ressurgir a sensação incômoda de uma contradição não resolvida).

A partir da análise que acabamos de fazer, pode-se constatar que é muito difícil julgar o nível conceitual de uma criança, considerando unicamente os resultados, sem levar em conta o processo de construção. Só a consideração conjunta do resultado e do processo permite-nos estabelecer interpretações significativas. Resultados praticamente idênticos podem ser produzidos por diferentes processos, assim como processos semelhantes podem levar a produtos diversos. Tal como dissemos no início, precisamos adotar o ponto de vista do sujeito em desenvolvimento. Definir semelhanças apenas na base dos resultados é privilegiar nosso próprio ponto de vista. Esta é uma das razões pelas quais é tão difícil fazer uma análise psicogenética coerente.

> Dois meses depois, encontramos Omar no período de transição que denominamos de escritas silábico-alfabéticas. Caracterizam-se estas pelo fato de algumas letras representarem sílabas enquanto outras representam fonemas. Isto está exemplificado de forma clara na segunda palavra, "pizarrón" (lousa): as primeiras duas letras representam as primeiras duas sílabas, mas as outras duas letras representam dois dos fonemas da última sílaba. O requisito de quantidade mínima ainda está vigorando, mas, desta vez, a palavra monossilábica não é tão perturbadora como antes: em lugar de perder controle, Omar faz, aqui, sua análise fonética mais consistente.

O ponto importante a acentuar é o seguinte: este tipo de escrita tem sido considerado tradicionalmente como "omissão de letras". É verdade que, do ponto de vista da escrita adulta convencional, faltam algumas letras. Mas, do ponto de vista do sujeito em desenvolvimento (isto é, considerando-se o que ocorreu antes no seu próprio desenvolvimento), este tipo de escrita é "acréscimo de letras". A

ILUSTRAÇÃO B3

OMAR — III (fevereiro)

lais (la-piz . 2-2)
(lá-pis . 2-2)

iaro (pi-za-rrón . 1-1-2)
(lou-sa . 1-1-2)

sdnar (gis)
(giz)

nis (sa-ca-pun-tas . 1-1-1-2)
(a-pon-ta-dor . 1-1-1-2)

laesonsas (la-ma-es-tra-co-ge-su-la-piz)
(a-pro-fes-sora-pe-ga-seu-lá-pis)

criança está introduzindo mais letras do que as de que necessitava em sua análise silábica prévia. Sobretudo, em decorrência do fracasso da hipótese silábica ao tentar atribuir significado à escrita socialmente constituída, a criança aprendeu que necessita ir "além da" análise silábica. Crianças como Omar estão fazendo omissões quando escrevem? Minha resposta enfática é que *não*: estão acrescentando letras, em relação a seu modo prévio de escrever; dificilmente podem omitir o que nunca tiveram. Pode-se constatar, então, como podem ser opostas as análises acerca dos mesmos dados. Se se afirma que as crianças aprendem a escrever através de observação e reprodução dos exemplos de escrita que os rodeiam, deve-se concluir, então, que algo está omitido em sua reprodução. Estou procurando demonstrar que este ponto de vista é insustentável. Numa sociedade alfabética, ninguém ensina às crianças como escrever silabicamente; no entanto, elas inventam esse tipo de escrita construindo, ao mesmo tempo, um poderoso esquema interpretativo. Do ponto de vista construtivista, o problema é muito mais complicado do que simplesmente pôr ou omitir tais ou quais letras: o problema é como e em que circunstâncias é possível mudar os esquemas interpretativos.

Logo, nada de mau ocorreu com Omar, apesar do fato de que está seguindo sua própria maneira de ingressar no universo da leitura-e-escrita: ao final do ano havia passado a barreira e escrevia alfabeticamente.

ILUSTRAÇÃO B4

OMAR — IV (maio)

(chile)
(chile)   Chile

(pa palla)
(papalla)   papalla

(tamaringo)
(tamarindo)   tamarinjo

(sal)
(sal)   sal

(la maestra compró papallas)
(a professora comprou papayas)

lamaestacopopaplla

Poderíamos prosseguir com a análise qualitativa de casos individuais, mas gostaria de apresentar também alguns dados quantitativos para que se evidencie claramente que não estamos falando de uma minoria de crianças.

Durante os anos de 1980-1982 dirigi um projeto de pesquisa na Diretoria Geral de Educação Especial (um dos setores do Ministério de Educação do México). O principal objetivo prático desta pesquisa era conhecer o que ocorre durante o primeiro ano escolar com aquelas crianças que não conseguem compreender a natureza do sistema alfabético de escrita e que, logo, serão encaminhadas ao sistema nacional de educação especial.[4] Ou seja, nosso propósito era descrever o processo de aprendizagem que ocorre nas crianças *antes* de serem rotuladas como "crianças que fracassam". O principal objetivo teórico desse mesmo projeto era saber se as crianças que ingressam no 1° grau com tipos pré-alfabéticos de concepção seguirão ao longo do processo escolar a mesma progressão evidenciada por outras crianças antes de entrarem para a escola, a despeito do fato de os métodos e procedimentos de ensino procurarem conduzi-los diretamente ao sistema alfabético de escrita.

Escolhemos três importantes concentrações urbanas do país: México (a capital), no centro do país; Monterrey (a capital do Estado de Nuevo Leon), no norte; Mérida (a capital do Estado de Yucatán) no sul. Dentro destas concentrações urbanas selecionamos os distritos escolares com

---

4. As estatísticas nacionais de repetência na 1ª série do 1° grau têm-se mantido entre 16% e 18%. Somadas às de evasão, obtém-se uma porcentagem que tem oscilado entre 22% e 23% nos últimos cinco anos. A informação completa sobre os resultados desta investigação está em Ferreiro, Gómes Palacio e colaboradores (1982).

estatísticas mais elevadas de fracasso (crianças repetentes ou evadidas). Dentro de cada um desses distritos escolares, selecionamos um certo número de escolas (71) que apresentavam também as maiores estatísticas de fracasso. Dentro destas escolas identificamos 159 classes de 1ª série, dentre as quais selecionamos uma amostra casual de crianças que entravam pela primeira vez na 1ª série do 1º grau, em setembro de 1980.[5]

Começamos a pesquisa com 959 crianças no primeiro mês de atividades escolares (setembro 1980). Estas crianças foram acompanhadas longitudinalmente até junho de 1981 com entrevistas individuais a cada dois meses ou dois meses e meio (levantamos também dados de observação). Finalizamos o trabalho com 886 dessas mesmas crianças. Do complexo conjunto de tarefas elaboradas para identificar mudanças nas concepções infantis, vamos referir-nos, aqui, apenas à evolução das produções escritas feitas pelas próprias crianças. Estávamos interessados, sobretudo, nos processos de escrita, no modo como construíam novas escritas e não em suas possibilidades de reproduzir algumas das palavras particulares que os professores haviam decidido ensinar. Em cada entrevista propusemos às crianças quatro palavras dentro de um dado campo semântico (nomes de animais, de alimentos etc.), com uma variação sistemática no número de sílabas (palavras de uma a quatro sílabas).

---

5. Fixamos também o Intervalo de idade: entre 6 anos e 2 meses e 6 anos e 8 meses no começo do ano escolar. Procuramos também controlar outras variáveis: número equivalente de meninos e meninas; número equivalente de crianças com e sem experiência pré-escolar prévia; número equivalente de crianças dos turnos matutino e vespertino.

Dentro desta amostra esperávamos encontrar um certo número de crianças que começavam a 1ª série com níveis de conceitualização semelhantes ou próximos aos dos exemplos que acabamos de apresentar. Assim ocorreu efetivamente: 80% das crianças, ao começarem o ano escolar, escreviam sem estabelecer qualquer correspondência entre a pauta sonora da palavra e a representação escrita (sem correspondência convencional ou não convencional; sem correspondência quantitativa com a extensão da palavra, nem correspondência qualitativa, segundo a qual algumas letras representariam sistematicamente um conjunto limitado de valores sonoros).

A partir daí, uma de nossas perguntas foi a seguinte: será que estas crianças vão reproduzir na situação escolar a progressão seguida por outras crianças antes de entrarem na escola? Para simplificar esta apresentação, vou referir-me apenas a quatro sistemas ordenados de escrita: pré-silábico, silábico, silábico-alfabético e alfabético.

Os exemplos que acabamos de apresentar talvez hajam sensibilizado o leitor para o fato de que há uma ampla variedade também psicogeneticamente ordenada — dentro dos sistemas pré-silábicos de escrita. Se estamos considerando-as aqui como uma unidade, isso se deve a duas únicas razões. De um lado, queremos situar aquelas concepções que não procuram relacionar a representação escrita com a pauta sonora da palavra emitida (embora, eventualmente, possam estabelecer outras correspondências, como, por exemplo, entre o significado da palavra e a representação escrita ou entre algumas propriedades do referente e a representação escrita). De outro lado, queremos situar todas as representações escritas que indicam um vínculo preciso com a pauta sonora da palavras.[6] Contudo, precisamos diferenciar este último conjunto porque estamos concentrando-nos no desenvolvimento que ocorre na escola e, do ponto de vista escolar, não é a mesma coisa escrever em qualquer um desses três diferentes sistemas.

Tentarei explicar, agora, apenas um aspecto particular deste problema: quais os padrões evolutivos efetivamente observados e qual sua relação com nossas hipóteses teóricas.

Precisamos distinguir aqui dois problemas relacionados mas diferentes: pode-se falar dos passos seguidos pelas crianças em seu desenvolvimento bem como pode-se falar da velocidade desse desenvolvimento, isto é, do tempo necessário para chegar ao final. Embora reconhecendo ser este último problema o que mais frequentemente aparece vinculado às práticas e políticas educativas, considero ser muito difícil poder resolver problemas de ritmos de desenvolvimento sem conhecer quais os passos realmente necessários do processo. Aqui, vou referir-me apenas à sequência de passos.

Para comparar os padrões evolutivos, deixaremos de lado, dentro da amostra total de 886 crianças, um pequeno grupo de 13, que começou a escola de 1º grau já no nível alfabético, assim como um outro pequeno grupo de 11 crianças, das quais só conseguimos três entrevistas, em lugar das quatro realizadas com todas as demais. As porcentagens foram calculadas sobre os totais finais de 862 crianças e 3.448 entrevistas (consulte-se a Tabela 1).

---

6. Somente neste contexto podemos usar a expressão "pré-silábica", que não é muito feliz, por referir-se em termos negativos a algo que deveria ser caracterizado em termos positivos.

TABELA 1
Padrões evolutivos

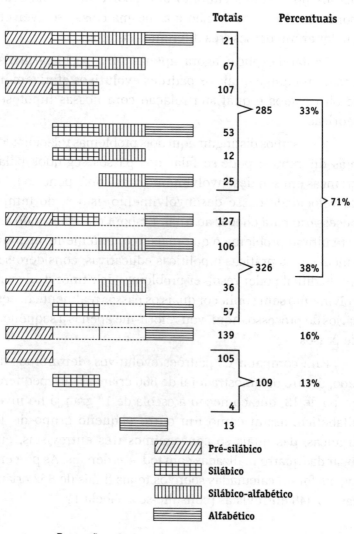

Regressões = 3
% calculadas sobre N = 862
(875 – 13)

Ao longo do ano escolar, 33% da amostra passou de um nível de conceitualização ao seguinte, sem omitir passo algum, exatamente como acontece com muitas crianças pré-escolares. Outros 38% seguiram uma evolução semelhante, mas um dos passos não foi constatado em nossos dados. Mais da metade deste segundo grupo não mostrou o tipo de escrita que chamamos silábico-alfabético. Este nível silábico-alfabético está conceituado teoricamente como um período de transição e, portanto, carece de estabilidade interna. Por conseguinte, não esperávamos que nossos dados evidenciassem sempre este tipo de conceitualização de transição, já que, para poder fazê-lo, as crianças teriam que estar nesse período, exatamente quando da realização de uma de nossas entrevistas. Além do mais, tratando-se de um nível de transição, também não esperávamos encontrar crianças que permanecessem no nível silábico-alfabético ao longo de todo o ano escolar e foi isto que de fato ocorreu: 13% das crianças da amostra não mostraram qualquer progressão de um nível ao seguinte (o que não significa que não tenham feito progressos dentro de um mesmo nível) e *nenhuma* dessas crianças permaneceu no nível silábico-alfabético ao longo de todo o ano escolar. Finalmente, esperávamos que as crianças que ingressam na escola com esse tipo de escrita silábico-alfabético não tivessem problemas para chegar ao nível alfabético durante o ano escolar e isso de fato ocorreu com todas elas (25 crianças). Portanto, foram confirmadas todas as nossas expectativas acerca do período silábico-alfabético.

Além desses 13% de crianças já mencionadas, as quais não fizeram progresso significativo, houve cerca de 16% que passaram diretamente do período pré-silábico ao alfabético, no intervalo de dois meses (ou. dois meses e meio) entre uma e outra de nossas entrevistas.

Só estes 16% cumprem as expectativas escolares de fazê-los passar diretamente ao sistema alfabético de escrita. Todos os demais (71%) passam por outros tipos de escrita. Sua progressão não pode ser caracterizada como linear, como simples adição de mais e mais letras com valor sonoro convencional, ou como simples adição de mais e mais sílabas escritas convencionalmente.

O tipo silábico de escrita não pode ser caracterizado jamais como uma reprodução "má" dos exemplos do professor. Pelo menos 451 dessas crianças (52%) passam por este período silábico.[7] De modo algum a escrita de tipo silábico pode ser considerada uma espécie patológica de desvio: 87% das crianças que ingressam na escola neste nível evolutivo (126 crianças) chegam no nível alfabético ao final do ano escolar, ou até antes (110 crianças).

De outra parte, as crianças que ingressam na escola no nível pré-silábico (708) não chegam ao nível alfabético na mesma proporção. Delas, 55,5% (393) chegam ao nível final e o restante se divide em três grupos numericamente equivalentes: 14,5% (103) que chegam ao nível silábico-alfabético, 15% (107) que chegam ao nível silábico e 14,8% (105) que permanecem ao longo de todo o ano escolar, sem com-

---

7. Nos exemplos silábicos que apresentamos, algumas letras têm valor sonoro convencional; nós os escolhemos porque é muito mais fácil compreender o modo de funcionamento das hipóteses silábicas neste caso particular. No entanto, como já assinalamos em outros trabalhos, a escrita silábica pode começar sem este requisito (quando as crianças põem qualquer letra para qualquer sílaba, mas tantas letras quantas sílabas). E isto ocorre, também, dentro do contexto escolar.

preender que as diferenças nas escritas se relacionam com diferenças na pauta sonora das emissões.

A partir desses dados, seria destituído de sentido concluir que só as crianças de nível silábico ou silábico-alfabético estão "maduras" para ingressar no 1º grau. Isto significaria deixar fora da escola 80% daquelas crianças que mais necessitam de escolarização. Quem as ajudará a chegar ao sistema alfabético se as deixarmos fora da escola? As crianças não estão obrigadas a chegar à escola já alfabetizadas; é a escola quem tem a responsabilidade social de alfabetizá-las.

Além do mais, esses dados simplesmente indicam que, nas *circunstâncias atuais*, só a metade da população que começa a escolaridade em níveis pré-silábicos chega ao nível alfabético. Não sabemos o que poderia ocorrer se conseguíssemos mudar os esquemas conceituais dos professores e dos psicólogos educacionais; não sabemos o que poderia ocorrer se todos nós replicássemos — a nosso próprio nível — os esforços infantis para compreender; se deixássemos de classificar as crianças em termos de respostas "boas" ou "más" e tratássemos de compreender realmente o que estão fazendo e o que estão procurando fazer.

Por ora, começamos a compreender que os que fracassam na escola não são tão diferentes dos que nela têm sucesso. Para todos eles, o desenvolvimento da leitura-e-escrita é um processo construtivo. A informação disponível, inclusive a informação sistemática propiciada pela escola, é apenas um dos fatores intervenientes. Se as crianças testam, com tanto esforço, diversas hipóteses estranhas a nosso modo de pensar, por alguma razão há de ser. Apesar das práticas escolares, seu problema não é compreender tal ou qual regra de correspondência sonora, tal ou qual escrita isolada. Seu problema é compreender a *natureza* do sistema de escrita que a sociedade lhes oferece. Para compreendê-lo enquanto sistema estão obrigadas a reconstruí-lo internamente, em vez de recebê-lo como um conhecimento pré-elaborado.

O espaço da leitura e da escrita na educação pré-escolar*

As discussões a respeito do momento em que deve começar o ensino da leitura e da escrita parecem eternas. A pergunta "deve-se ou não ensinar a ler e a escrever na pré-escola?" é uma pergunta reiterada e insistente. Tenho sustentado, e continuo sustentando, que essa é uma pergunta mal colocada, que não pode ser respondida afirmativa ou negativamente antes de serem discutidos os pressupostos nos quais se baseia.

Esta pergunta, assim proposta, tem como base um pressuposto: são os adultos aqueles que decidem quando e como vai ser iniciado esse aprendizado.

Quando a resposta a essa pergunta é negativa, e dessa forma decide-se que só no primário deve-se ensinar a ler e a escrever, vemos as salas da pré-escola sofrerem um meticuloso processo de limpeza, até que delas desapareçam

---

* El espacio de la lectura y la escritura en la educación preescolar. *Rincones de Lectura*. México: Secretaría de Educación Pública, mar. 1994. Tradução de Rodrigo León Contrera.

quaisquer traços de língua escrita. Os espaços destinados a cada criança são identificados por meio de desenhos, para não deixar a criança ver neles escrito o seu nome. Os lápis são usados só para desenhar, mas nunca para escrever. Pode ser que, por descuido, um calendário fique suspenso na parede e que, também por descuido, a professora escreva seus relatórios na frente das crianças em vez de fazê-lo durante o recreio, quase às escondidas. Às vezes, a professora conta histórias, mas nunca lê em voz alta. É proibido ler. É proibido escrever. A escrita que tem o seu lugar no mundo urbano circundante, deixa de tê-lo na sala de aula. Os adultos alfabetizados (incluindo as professoras) abstêm-se cuidadosamente de mostrar às crianças que sabem ler e escrever. Situação bem esquisita: as crianças imaginam que a sua professora sabe ler e escrever, mas nunca a viram fazer isso na sala de aula.

Ao contrário, quando a resposta a essa pergunta é afirmativa, e assim decide-se iniciar o aprendizado da leitura e da escrita antes do primário, vemos a sala de aula da pré-escola assemelhar-se notavelmente à do primeiro ano primário, e a prática docente passa a seguir o modelo das mais tradicionais práticas do primário: exercício de controle motriz e discriminação perceptiva, reconhecimento e cópia de letras, sílabas ou palavras, repetições em coro... e nenhum uso funcional da língua escrita.

A pergunta "deve-se ou não ensinar a ler e a escrever na pré-escola?" está mal colocada porque tanto a resposta negativa como a positiva apoiam-se num pressuposto que ninguém discute: supõe-se que o acesso à língua escrita começa no dia na e na hora em que os adultos decidem. Esta ilusão pedagógica pode acabar se sustentando porque as crianças aprendem tanto a fazer de conta que nada sabem (embora saibam), como a mostrar diligentemente que aprendem através do método escolhido. Porém, além disso, há outro pressuposto atrás dessa pergunta: as crianças só aprendem quando lhes é ensinado (segundo a forma mais escolar de "ensinar")? Ambos pressupostos são falsos.

As crianças *iniciam* o seu aprendizado de noções matemáticas antes da escola, quando se dedicam a ordenar os objetos mais variados (classificando-os ou colocando-os em série). Iniciam o aprendizado do uso social dos números participando de diversas situações de contagem e das atividades sociais relacionadas aos atos de comprar e vender.

Da mesma forma, *iniciam* o seu aprendizado do sistema de escrita nos mais variados contextos, porque a escrita faz parte da paisagem urbana, e a vida urbana requer continuamente o uso da leitura. As crianças urbanas de 5 anos geralmente já sabem distinguir entre escrever e desenhar; expostas ao complexo conjunto de representações gráficas presentes no seu meio, são capazes de distinguir o que é desenho e o que é "outra coisa". Que chamem de "letras" ou "números" a esse conjunto de formas gráficas que possuem em comum o fato de não serem desenho, não é o crucial nessa idade. Mais importante é saber que essas formas servem para uma atividade específica que é o ato de ler, e que resultam de uma outra atividade também específica que é o ato de escrever.

A indagação sobre a natureza e função dessas formas começa em contextos reais, nos quais se recebe a mais variada informação (pertinente e pouco pertinente; fácil de compreender ou impossível de assimilar). As crianças trabalham cognitivamente (quer dizer, tentam compreender) desde muito cedo informações das mais variadas procedências:

a) a informação que recebem dos próprios textos, nos contextos em que aparecem (livros e jornais, mas também cartazes da rua, embalagens de brinquedos ou alimentos, roupas, TV etc.);

b) informação específica destinada a elas mesmas, como quando alguém lhes lê uma história, ou lhes diz que tal ou qual forma é uma letra ou um número, ou lhes escreve seu nome ou responde às suas perguntas;

c) informação obtida quando participa de atos sociais que envolvam o ato de ler ou de escrever. Este último tipo de informação é o mais pertinente para compreender as funções sociais da escrita. Vejamos alguns exemplos:

- alguém consulta o jornal para saber a hora e o local de algum espetáculo; indiretamente, e sem pretender fazê-lo, está informando a criança a respeito de uma das funções primordiais da escrita no mundo contemporâneo: que a escrita serve para transmitir informação;

- alguém consulta uma agenda para chamar por telefone uma outra pessoa: indiretamente a criança inteira-se de outra das funções essenciais da escrita: que a escrita serve para expandir a memória, e que a leitura permite recuperar uma informação esquecida;

- recebe-se uma carta de um familiar, lê-se e comenta-se; indiretamente, e sem que se pretenda, informa-se à criança que a escrita permite a comunicação a distância.

Em todas estas situações que exemplificamos, o propósito dos adultos não é o de informar a criança. Mas a criança recebe informação sobre a função social da escrita participando desses atos (inclusive se se limita a observar, pois sua observação pode envolver uma importante atividade cognitiva). É provavelmente através de uma ampla e contínua participação nesse tipo de situações sociais que a criança acaba conseguindo compreender por que a escrita é tão importante na sociedade.

Esse é o tipo de informação que *não* é transmitido no começo da instrução escolar. Esse é o tipo de informação que, de alguma forma, as crianças de 6 anos que tiveram adultos alfabetizados ao seu redor já possuem.

Com base nas investigações realizadas podemos afirmar que nenhuma criança urbana de 6 ou 7 anos de idade começa o primário com total ignorância da língua escrita. A informação recebida (de algumas das fontes mencionadas) deverá ter sido necessariamente elaborada (quer dizer, assimilada) pelas crianças para poder ter sido compreendida. O que elas sabem não é jamais idêntico àquilo que se lhes disse ou àquilo que viram. Somente é possível atribuir ignorância às crianças pré-escolares quando pensamos que o "saber" sobre a língua escrita limita-se ao conhecimento das letras.

A crianças rurais estão em desvantagem em relação às urbanas porque no meio rural tradicional, onde os camponeses trabalham com rudimentares instrumentos de lavoura, terras empobrecidas, a escrita não é tão presente como no meio urbano. É precisamente no meio rural onde o ensino pré-escolar é mais importante: uma pré-escola que deixe entrar a escrita, não que a proíba.

A tão comentada "prontidão para a lecto-escritura"* depende muito mais das ocasiões sociais de estar em contato com a língua escrita do que de qualquer outro fator que seja invocado. Não tem sentido deixar a criança à margem da língua escrita, "esperando que amadureça". Por outro lado, os tradicionais "exercícios de preparação" não ultrapassam o nível do exercício motriz e perceptivo, quando é o nível cognitivo aquele que está envolvido (e de forma crucial), assim como complexos processos de reconstrução da linguagem oral, convertida em objeto de reflexão.

A pré-escola deveria cumprir a função primordial de permitir às crianças que não tiveram convivência com adultos alfabetizados — ou que, pertencem a meios rurais isolados — obter essa informação básica sobre a qual o ensino cobra um sentido social (e não meramente escolar): a informação que resulta da participação em atos sociais onde o ato de ler e o de escrever têm propósitos explícitos.

A pré-escola deveria permitir a todas as crianças a liberdade de experimentar os sinais escritos, num ambiente rico em escritas diversas, ou seja: escutar alguém lendo em voz alta e ver os adultos escrevendo; tentar escrever (sem estar necessariamente copiando um modelo);[1] tentar ler utilizan-

---

* *Lecto-escritura* em castelhano: leitura-e-escrita (N. do T.).

1. A cópia é apenas um dos procedimentos usados para apropriar-se da escrita, mas não é o único (nem sequer é o mais importante). Aprende-se mais inventando formas e combinações do que copiando; aprende-se mais tentando produzir junto aos outros uma representação adequada para uma ou várias palavras do que fazendo, sozinho, exercícios de copiar listas de palavras ou letras.

do dados contextuais,[2] assim como reconhecendo semelhanças e diferenças nas séries de letras; brincar com a linguagem para descobrir semelhanças e diferenças sonoras.

Numa sala de pré-escola deve haver coisas para ler. Um ato de leitura é um ato mágico. Alguém pode rir ou chorar enquanto lê em silêncio, e não está louco. Alguém vê formas esquisitas na página, e de sua boca "sai linguagem": uma linguagem que não é a de todos os dias, uma linguagem que tem outras palavras e que se organiza de uma outra forma.

Dizemos que não se deve manter as crianças assepticamente distantes da língua escrita. Mas tampouco trata-se de ensinar-lhes o modo de sonorizar as letras, nem de introduzir os exercícios de escrita mecânica e a repetição em coro na sala da pré-escola.

Em vez de nos perguntarmos se "devemos ou não devemos ensinar", temos de nos preocupar em DAR ÀS CRIANÇAS OCASIÕES DE APRENDER. A língua escrita é muito mais que um conjunto de formas gráficas. É um modo de a língua existir, é um objeto social, é parte de nosso patrimônio cultural.

---

2. Por "dados contextuais" entendemos o seguinte: os símbolos escritos que estão no mundo circundante não estão "no vazio", mas em certo tipo de superfícies (uma embalagem de alimento, um jornal, um livro, um cartão, um calendário, um caderno etc.). Saber "onde está a mensagem escrita" ajuda a antecipar o que pode estar dito nesse texto. Por exemplo, se sabemos que o que temos nas mãos é um livro de histórias infantis, e temos bastante experiência com elas, podemos antecipar que, provavelmente, o livro começará com "Era um vez", "Há muito tempo" ou expressões similares. Ao contrário, se sabemos que o que temos nas mãos é uma carta, sabemos também que *não vai começar desse jeito*. O uso dos "dados contextuais" é uma atividade inteligente, não é "pura adivinhação". É o mesmo que faz um adulto quando se encontra numa cidade estrangeira e não conhece a língua que ali se fala: usa a sua experiência prévia e supõe que o letreiro de uma farmácia "diz farmácia", que as placas nas esquinas "dizem o nome, da rua", e assim por diante.

Bibliografia

BLANCHE-BENVENISTE, Claire; CHERVEL, A. *L'orthographe*. Paris: Maspero, 1974.

COHEN, Marcel. *La grande invention de l'écriture et son évolution*. Paris: Klincksieck, 1958.

FERREIRO, E. The interplay between information and assimilation in beginning literacy. In: TEALE, W.; SULZBY, E. (orgs.). *Emergent literacy*. Norwood, NJ: Ablex (no prelo).

_____. La práctica del dictado en el primer año escolar. *Cuadernos de Investigación DIE*. México, n. 15, 1984.

_____. Los procesos constructivos de apropriación de la escritura. In: FERREIRO, E.; GÓMEZ PALACIO, M. (orgs.). *Nuevas perspectivas sobre los procesos de lecturas e escritura*. México: Siglo XXI, 1982.

FERREIRO, E. *Los sistemas de escritura en el desarrollo del niño*. México: Siglo XXI, 1979.

_____ et al. *Análisis de las perturbaciones en el proceso de aprendizaje escolar de la lectura*. México: Dirección General de Educación Especial, 1982 (5 fascículos).

FERREIRO, E.; GÓMEZ PALACIO, M. (orgs.). *Nuevas perspectivas sobre los procesos de lecturas e escritura*. México: Siglo XXI, 1982.

_____; TEBEROSKI, A. La comprensión del sistema de escritura: construcciones originales del niño e información específica de los adultos. *Lectura y Vida*, v. 2, n. 1, 1981.

GELB, Ignace. *História de la escritura*. Madrid: Alianza Editorial, 1976.

GOODMAN, Kenneth; GOODMAN, Yetta. Learning about psycholinguistic processes by analyzing oral reading. *Harvard Educational Review*, v. 47, n. 3, p. 317-33, 1977.

PIAGET, Jean. *L'équilibration des structures cognitives*. Paris: PUF, 1975.

TEBEROSKI, A. Construcción de escrituras a través de la interacción grupal. In: FERREIRO, E.; GÓMEZ PALACIO, M. (orgs.). *Nuevas perspectivas sobre los procesos de lecturas e escritura*. México: Siglo XXI, 1982.